AF189130

Hexen – Schamaninnen Europas

Hexen -
Schamaninnen Europas

Catrin von Nahodyl

Books on Demand GmbH, Norderstedt

Das Titelbild stammt aus dem Buch *Der hürnen Siegfried und sein Kampf mit dem Drachen*, illustriert von Wilhelm von Kaulbach 1848.

Buchbeschreibende Angaben der Deutschen Nationalbibliothek
Die Deutsche Nationalbibliothek verzeichnet diese Veröffentlichung in der Deutschen Nationalbibliographie; genauere buchbeschreibende Angaben sind im Weltnetz über www.dnb.de abrufbar.

© 2017 Catrin von Nahodyl

Herstellung und Verlag: BoD – Books on Demand, Norderstedt
ISBN 978-3-7448-1416-4

MIX
Papier aus verantwortungsvollen Quellen
Paper from responsible sources
FSC
www.fsc.org
FSC® C105338

Inhalt

Einleitung

Mit dem Begriff „Hexe" verbinden viele Menschen etwas Unheimliches, Gefährliches und Dämonisches. In einigen Leuten steckt noch immer eine tiefe Angst vor der Hexe, auch wenn sich ihr Bild in der heutigen Esoterik-Szene gewandelt und immer mehr eine positive Bedeutung gewonnen hat. Doch der Durchschnittsbürger glaubt entweder nicht an die Existenz von Hexen, oder er fürchtet sich vor ihnen. Viele von uns kennen noch die Märchenhexe, wie sie bei „Hänsel und Gretel" erscheint: Als altes Weib in einer Hütte im Walde hausend und kleine Kinder verspeisend. Oder man sieht in ihr eine Braut des Teufels, eine Schadenszauberin und Feindin von Mensch und Vieh. In der heutigen Zeit gibt es aber auch ein Gegenbild dazu: Die Hexe als weise Frau, als hilfreiches Kräuterweiblein oder Priesterin einer alten vorchristlichen Religion. Je ruhiger, friedlicher und sicherer die Zeiten werden, desto freundlicher erscheint auch das gesellschaftliche Bild von der Hexe. Doch die Hexe ist weder ein Teufelsweib noch eine nette Esoterikerin. Sie ist eine Frau mit besonderen Kräften und Zauberwissen, die in Verbindung mit der Welt der Geister und der Toten steht. Sie kann ihre Kräfte auf schädigende, aber auch auf helfende Weise zum Ausdruck bringen. Die Hexe wirkt als Mensch und Geistwesen gleichermaßen auf ihre Umgebung ein. Für sie sind die Welt der Lebenden und der Toten, der Menschen und der Geister, nicht streng voneinander getrennt. Sie steht wie eine Schamanin mit dem einen Fuß in der Menschenwelt und mit dem anderen im Reich der Geister. Sie reitet auf dem Zaun, der beide Welten voneinander trennt; deswegen heißt sie auch „Zaunreiterin" (mittelhochdeutsch „zunrite", altnordisch „tunridha"). Möglicherweise leitet sich das altdeutsche Wort für Hexe, „Hagzisse", von „Hag-Idise", her. Der Hag oder Hain ist ein durch Hecken oder Zäune eingehegter, also geschützer Bereich. Die Hecke soll nach altem Glauben auch böse Geister abwehren; somit stellt der Hag einen magisch geschützen Bereich, einen heiligen Hain dar, in dem sich die Hexe aufhält. „Haghetisse" ist ebenso eine alte Bezeichnung der Eidechse, die sich gerne an Hecken aufhält und in einigen Gegenden als Hexentier gilt. „Idise" ist der alte germanische Name für ein weibliches Geistwesen, eine Frau oder eine Göttin. In der Glossenliteratur des 9. Jahrhunderts erscheint der Begriff hazus, hazis und wird mit strio, erynnis, lamia, larva, hecate oder furia übersetzt. Interessant ist, daß "striga" an einer Stelle mit "herbaria" (Kräuterfrau) übersetzt wird. Im 10. Jh. schildert ein Mönch die „hazessa" als Menschenfresser. Ob dies auf christliche Dämonisierung, auf antikem Dämonenglauben oder tatsächlichem Volksglauben beruht, ist ungewiß. Jedenfalls verstand man im christlichen Sinne darunter eine (meist weibliche) Person, die mit dem Teufel im Bunde steht und Mensch und Vieh auf zauberische Weise schädigt. Nun gab es im heidnischen Glauben unserer noch naturreligiösen Vorfahren keinen Teufel, jedoch die Vorstellung von Schadzauberern und schädigenden Geistern. Die heidnischen Germanen kannten den Glauben an Geister, wie Truten (weibliche Dämonen, die den Menschen aussaugen, ihnen schaden), Mare (sie setzen sich auf die Brust des Schlafenden und drücken ihn), Bilwisse, Schrättel (Geister in Kindergestalt), Elben, Holde, Wechselbälger, Riesen (meist feindliche Geister; Riesinnen hießen im alten Norden Europas Hála oder Scass), Trolle, Zwerge, Unterirdische usw. Und man kannte und kennt Menschen, die durch schamanische Praktiken (den sogenannten „Gand"-Ritt) ihren Geist aussenden können. Diese Menschen können sowohl Schaden stiften als auch helfen oder heilen. Dazu gehören die Zaunreiterinnen (Tunridha) und Nachtfahrerinnen (Myrkridha). Sie können beispielsweise dadurch schaden, in-

dem sie die Ernte verderben. Solche Schadzauberer und –zauberinnen wurden bestraft, manchmal sogar getötet. So mußte nach den
altdeutschen Gesetzbüchern ein Zauberer, der die Ernte des
Nachbarn verdorben hatte, diesen und dessen Familie zur Strafe
ein Jahr lang miternähren. Das Wort Hexe ist aber damals noch
nirgends finden; es taucht im süddeutschen Bereich zuerst auf und
gelangt erst relativ spät in den Norden. Im Christentum wurde jede
Form von Zauberei, gute oder böse, unter Strafe gestellt, die Zaubernden als Hexen bezeichnet. Doch die meisten der Menschen,
die seit dem Spätmittelalter als Hexen getötet wurden, waren gar
keine Zauberer oder Teufelsbündler, sondern ganz normale Leute,
welche aufgrund von Haß, Neid, Bosheit oder Hysterie anderer
Personen dem Hexenwahn zum Opfer fielen. Einige von ihnen waren auch Wahrsager, Heiler oder Hebammen. Außerdem ging es
der Kirche auch darum, jegliche Spuren des alten Heidentums zu
beseitigen, z. B. die Wahrsagerei oder kleine harmlose Zauberpraktiken, wie sie im Volke noch lange üblich waren. Seit dem aus-
gehenden Mittelalter wurden nun die Bezeichnungen Unholde,
Nachtfahrende und Zauberinnen gleichgesetzt und unter dem Begriff „Hexe" zusammengefaßt.

Eine echte Hexe besitzt angeborene geistige Kräfte, mit denen sie
anderen Personen Gutes oder Schlechtes zufügen kann. Sie hat diese Kräfte geerbt. Zaubersprüche, Medizinen oder magische Gegenstände dienen zur Potenzierung und Lenkung der Hexenkraft. Eine
Hexe wurde gefürchtet, weil sie mit den Gottheiten und Geistern
des Totenreichs in Verbindung steht und daher als "unrein" galt.
Darum ist die Hexe Außenseiterin und lebt stets etwas Abseits der
Gemeinschaft (in ihrem heiligen Hain/Hag), ist jedoch zugleich ein
wichtiger Teil von dieser, da die Gemeinschaft den Rat und die Hilfe der Hexe benötigt. Die Hexe ist vergleichbar mit den schwarzen
Schamanen der naturreligiösen Völker, die im Gegensatz zu den

weißen Schamanen (Priestern) mit der Unterwelt verbunden sind. Die Hexe zaubert, weissagt, heilt, beschwört, gerät in Ekstase, redet mit den Geistern. Sie ist ein Überbleibsel aus einer Zeit, in der die Menschen in Europa noch naturreligiös waren. Sie ist die reisende Schamanin, die zaubernde Medizinfrau und Seherin, eine Wandernde zwischen den Welten.

Kapitel 1

Die Hexenkraft

„Zur Hexe wird man geboren, nicht erst erkoren", so heißt es im Volksglauben. Es gibt Menschen, denen bestimmte Fähigkeiten und Kräfte angeboren sind. Oft sind dieses ererbte Kräfte oder Begabungen. So glauben viele Menschen der Naturvölker, daß man zum Schamanen geboren sei und einem die Geister dazu beriefen. Manche sagen, ein Werwolf oder eine Drude (eine Person, die nachts als Geist die Schlafenden quält) sei man von Geburt an, und es gäbe bestimmte Zeiten, in denen solche Menschen geboren würden. Von den Hexen wird ebenfalls oft behauptet, daß sie von Geburt an Hexen seien. Man sagt, die Hexenkraft vererbe sich oder sei überhaupt in bestimmten Familien vorhanden. Dieser Glaube findet sich unter anderem in Schwaben, Böhmen und Friesland, ist also in Deutschland weitverbreitet. Aber die Hexenkraft kann in einer Familie auch ein paar Generationen überspringen, bevor sie sich wieder bei einem der Sippenmitglieder bemerkbar macht. Ähnliche Vorstellungen finden sich auch bei Agrippa von Nettesheim, einem bekannten deutschen Magier des sechzehnten Jahrhunderts. Von Nettesheim zitiert in seinen *Magischen Werken* das alte Zauberbuch *Arbatel*; dort steht geschrieben:

>*Aus dem Mutterleibe wird der Mensch zur Magie geboren, der ein rechter Magier sein soll. Andere aber, die sich selbst in solches Amt eindringen wollen, denen geht es unglücklich. Hierher gehört der Spruch Johannis des Täufers: Niemand mag ihm etwas nehmen, es sei ihm denn von oben herab gegeben.<*

Johannes Hartlieb berichtet im fünfzehnten Jahrhundert von einer Wahrsagerin, die von der Erblichkeit des Zauberns und Wahrsagens erzählt. Sie meint >*daß die Kunst lange Jahre in ihrem Geschlecht gewesen wäre, und nach ihrem Tode käme die Gnade auf ihre Älteste*<, damit meinte sie ihre älteste Tochter. In manchen Familien vererbt sich die Kunst von der Mutter auf die Tochter, bei anderen vom Vater auf die Tochter und von der Mutter auf den Sohn. Im alten heidnischen Griechenland galt die Kunst des Wahrsagens als erblich; es gab regelrechte Wahrsager-Geschlechter.

Die Hexenkraft kann jedoch auch unter bestimmten Umständen erworben werden. Dieses geschieht beispielsweise durch einen Geist, den man durch Vererbung, Schenkung oder auf irgendeine andere Weise bekommen hat. Dieser Geist kann sich auch als Haustier der Hexe zeigen, beispielsweise als schwarzer Kater oder schwarzer Hund. Schwarz ist die bevorzugte Farbe dieser Geister, da sie die Nacht, die Erde und die Unterwelt, das Reich der Toten, symbolisiert. Schwarz zieht Energien auf sich und schützt gleichzeitig vor schädlichen Mächten. Daher lautet eine alte Bauernweisheit:

>*Die schwarze Katz, das schwarze Huhn*
soll niemand aus dem Hause tun.<

Nach alter heidnischer Auffassung bedeutet die schwarze Farbe die Fruchtbarkeit der Erde, aber auch Würde und Festlichkeit. Aus diesem Grunde war die frühere Hochzeits- und Festtagskleidung schwarz, während man bei der Trauer um die Toten die weiße Farbe bevorzugte. Noch heute ist bei vielen Völkern Weiß die klassische Trauerfarbe, beispielsweise in China und Indien. In unserer christlich geprägten Region trauert man jedoch in Schwarz und heiratet in Weiß. Die unheilabwehrende Kraft der schwarzen Farbe kommt auch in einem alten Spruch zum Ausdruck, welchen man bei Anbringung dreier Kreuzzeichen zur Abwehr böser Geistwesen auf die Tür zeichnet. Die weißen Kreuzzeichen gelten dabei als weniger kraftvoll, wobei hingegen die roten und schwarzen Zeichen von größter Abwehrwirkung sind:

>*Wit is for'n Schiet,*
Rot is Christi Blood,
Swart, dat is hart!<

Nach altem Volksglauben wandelt man unter Hersagen eines bestimmten Gebetes mit einem schwarzen Huhn unterm Arm dreimal rücklings um eine Kirche, um die Hexenkraft zu erwerben.

Nach einer deutschen Sage läßt die Göttin Frau Holle/Frau Harke eines ihrer schwarzen Hündchen zurück, mit denen sie in der Adventszeit durch die Lüfte zieht. Das Hündchen wird von einem Bauern gehegt und gepflegt; und zum Dank dafür belohnt die Göttin ihn anschließend mit Goldstücken und nimmt ihr Hündchen wieder mit.

Schwarze Katzen, vor allem Kater, gelten im Volksglauben als ausgesprochene Hexentiere. Es heißt, wenn schwarze Katzen sieben oder neun Jahre alt geworden sind, würden sie selber zu Hexen und gingen in der Walpurgisnacht zur Hexenversammlung. Die Katze ist im Norden Europas der heidnischen Liebes- und Zaubergöttin Freyja heilig, welche zum Göttergeschlecht der Wanen gehört und sehr der römischen Göttin Venus und der griechischen Aphrodite ähnelt. Freyjas Wagen wird von zwei Katern gezogen, darum lautet eine von Freyjas Bezeichnungen „Herrin der Kater".

Schwarze Tiere gelten seit alten Zeiten als Boten der Unterwelt und der Erdmutter, welche in der Erde gebietet. In der Erde begrub man die Toten; daher gilt sie oftmals als Jenseitsreich, als Aufenthaltsort der Totengeister. Im finnischen Epos *Kalewala* wird die Erdmutter als „Alte unter dieser Erde" bezeichnet, als „Ackermutter" und „Erdenherrin". Der germanische Göttervater Wodan wird von den Tieren der Unterwelt begleitet, zwei schwarzen Raben und zwei Wölfen. Wolf und Hund sind in vielen alten heidnischen Religionen Wächter der Unterwelt; so kannten die alten Griechen den Hund Kerberus, der die Tore zum Hades, dem Schattenreich der Toten, bewacht.. Wodan selbst ist Führer der Toten, Herr des Geisterheeres (die Wilde Jagd) und Gott der Schamanen und Zauberer. Hexen, Zauberer und Schamanen stehen mit der Unterwelt und den Geistern der Toten in Verbindung. Alles, was mit dem Tod zu tun hat, wird von den Lebenden gefürchtet und gilt in vielen Religionen und Gesellschaften als unrein. Dementsprechend gelten auch die klassischen Totentiere als unreine Tiere, als „Teufelstiere". Das gleiche gilt für Hexen, Zauberer und „schwarze" Schamanen, also für die Schamanen, welche Kontakt zum Reich der Toten und Unterirdischen haben. Hingegen befassen sich die „weißen" Schamanen mit den Göttern und sind als Priester tätig, müssen ein reines Leben führen, das heißt, sie dürfen sich nicht an Toten verunreinigen. Die schwarzen Schamanen, die Zauberer und Hexen, leben in der Regel immer etwas außerhalb des Dorfes und der Gemeinschaft, da man sie als unrein fürchtet. Trotzdem werden sie um Rat und Hilfe gebeten, da sie durch ihren Kontakt mit der Geisterwelt große Zauberkraft besitzen. Weiß und Schwarz hat also nichts mit Gut und Böse zu tun, sondern zeigt lediglich an, ob etwas in Verbindung zur Ober- oder Unterwelt steht. Manche Naturvölker kennen die Einteilung der Welt in drei Reiche: Himmel, Erde und Totenreich. Die Hexe steht vor allem mit der Welt der Toten unter der Erde in Verbindung, dem Reich der Totengöttin Frau Holle, und wird daher auch von den Tieren der Unterwelt begleitet: Rabe, schwarzer Hund, schwarzer Kater, Fledermaus, Eule und Kröte gelten als die Verbündeten der Hexe. Die Hexe und ihre Verbündeten gelten als unheimlich und mitunter als gefährlich, denn sie verkehren mit der dunklen Welt der Geister. Und diese Geister können den Lebenden gefährlich werden. Doch spenden die verstorbenen Ahnen auch Fruchtbarkeit und schützen die Lebenden. Bei manchen schamanischen Völkern können Frauen im Gegensatz zu den Männern immer nur schwarze Schamaninnen sein, niemals weiße. Diese schwarzen Schamaninnen entsprechen ziemlich genau dem Bild unserer Hexe.

Die Katze ist ein altes Hexentier – schon die altnordische Zaubergöttin Freyja erscheint mit einem Katzenwagen. Zeichnung von Ludwig Pietsch, 1860.

Die Hexenkraft unterscheidet sich von der einfachen Volkszauberei. Diese Volkszauberei ist etwas, was auch der Mensch erlernen kann, der kein Hexer bzw. keine Hexe ist. So trägt man Amulette, um sich vor bösen Geistern zu schützen, klopft dreimal auf Holz, um Unheil zu verhindern, oder spuckt dreimal aus. Das sind die kleinen Zaubereien des Alltags; aber es gibt auch kompliziertere Rituale und schließlich die sogenannte „Hohe Magie". Zauberei und Hexerei sind nicht unbedingt dasselbe, auch wenn es viele Hexen gibt, die ebenfalls Zauber erlernen und durchführen. Sie lernen, ihre angeborene oder erworbene Hexenkraft im Zauber anzuwenden. Es gibt aber auch mit besonderen Kräften geborene Frauen, die niemals Zauber erlernen. Diese Frauen verfügen über bestimmte geistige Kräfte, wissen aber oft nichts davon, weil sie es entweder verdrängen oder sie diese Kräfte nicht bewußt lenken können. Denn auch eine angeborene Gabe bedarf der Bewußtwerdung und der Förderung, denn sonst verkümmert sie oder wird in falsche Bahnen gelenkt. Deswegen braucht eine Hexe, die ihre Kräfte gezielt einsetzen möchte, eine langjährige magischen Ausbildung, ebenso wie ein musikbegabtes Kind einer entsprechenden Schulung bedarf .

Hexen besitzen die Fähigkeit, einen anderen Menschen körperlich, seelisch und geistig zu beeinflussen, und zwar auf jene Weise, daß von der Hexe eine besondere Kraft ausströmt, die den anderen Menschen entweder schädigt, schwächt, kräftigt, heilt oder sonst irgendwie beeinflußt. Manche Hexen können nur schaden, andere nur heilen; doch die meisten Hexen können beides. Sie besitzen also besonderes „Heil" oder „Unheil". Manchmal geschehen diese Dinge auch unbewußt und ohne böse oder gute Absicht, vor allem dann, wenn die Hexe nicht gelernt hat, mit diesen angeborenen Fähigkeiten richtig umzugehen. Der *Hexenhammer* (*Malleus maleficarum*) von Sprenger und Institoris aus dem Jahre 1487 erwähnt sowohl schädigende als auch heilende Hexen. Darin heißt es im Teil 2, Kapitel 2:

>Wie die Hexen in dreifacher Art auftreten, (...) nämlich solche, die schädigen, aber nicht heilen können, solche, die heilen, aber auf Grund eines besonderen Paktes mit dem Teufel nicht schädigen können, und solche die schädigen und heilen.<

Nun mag das meiste aus dem Hexenhammer ein buntes Zusammenwürfeln der verschiedenen Hexen-, Teufels- und Dämonenvorstellungen sein, doch an diesem Punkt beschreiben die Autoren das, was auch im Volke geglaubt wurde. Noch heute sagt man mancherorts, daß es diese drei Arten von Hexen gäbe. Die Hexe ist also ein ambivalentes Wesen. Was allerdings nichts mit irgendeinem Teufel zu tun hat, sondern eine angeborene, naturgegebene Anlage ist. Irgendwann teilen einem die Geistwesen diese Kraft dann mit, wenn man innerlich bereit ist, diese Kraft bewußt anzunehmen. Einmal ist der richtige Moment im Leben des Menschen gekommen, dann erscheinen ihm bestimmte Geister und offenbaren ihm seine Berufung. Der Schamane muß dann dieser Berufung folgen, da eine Verweigerung unangenehme Konsequenzen für ihn hätte. Bei den Hexen in der sogenannten zivilisierten Gesellschaft sieht es hingegen oft anders aus: Nur wenige Menschen glauben noch an Geister und Magie; die Gesellschaft ist von einem naturwissenschaftlichen, materiellen Weltbild geprägt. So erfahren viele Frauen gar nicht, daß sie die Anlage zur Hexe tragen, obwohl sie und auch ihre Umgebung spüren, daß da eine besondere Kraft vorhanden ist.

Es gibt nun verschiedene Möglichkeiten, wie diese Kraft zum Ausdruck kommen kann. Eine davon ist die Fähigkeit des Hexenrittes oder Hexenfluges, eine schamanische Fähigkeit. Der Schamane sendet seinen Geist aus, der durch die verschiedenen Jenseitswelten fliegt, während der Körper in Trance auf der Erde bleibt. Dieser Flug findet ebenfalls bei mancher Hexe statt. Während sie schläft oder sich in Trance befindet, sendet sie ihren Geistkörper aus und fliegt mit diesem umher. Die Hexenkraft zeigt sich also hier in der Fähigkeit, mit dem Geistkörper durch die Luft zu fliegen. Hexen sind Zaunreiterinnen, welche sich auf der Grenze zwischen Wachen und Träumen, Menschen- und Geisterwelt bewegen. Die altnordische Zauberin und Seherin, die „Völva", trug einen besonderen Stab bei sich, der das Zeichen ihres Standes war. Dieser Stab hieß „Völr", und davon hatten diese Frauen ihren Namen. Der Stab ist ein Symbol des Weltbaumes, durch den die verschiedenen Welten, die der Menschen, Götter und Geister, miteinander verbunden sind. Auf dem Weltbaum, seinem Stab, reist der Schamane durch diese Welten; meist sind es drei oder neun Welten. Die Völva verfügt ebenfalls über schamanische Fähigkeiten und kann in die Welt der Geister schauen, um diese zu befragen. In den nordischen Sagas finden wir einige Völvas erwähnt. Die Haupttätigkeit der Völvas scheint die Zukunftsschau gewesen zu sein; aber es finden sich auch Zauberinnen unter ihnen, die man als „Seidfrauen" bezeichnete. „Seidr" ist der altnordische Begriff für Zauberkunst oder Magie. Die Seidkunst war in erster Linie eine Kunst der Frauen und wurde nach altnordischer Überlieferung von der Göttin Freyja ausgeübt. Es galt für Männer in der Regel als unschicklich, sich mit dieser Kunst zu befassen, obwohl es auch Seidmänner gab.

In der Saga von Erich dem Roten erscheint eine weissagende, mit einem dunkelblauen Mantel bekleidet Völva auf dem Hofe eines Bauern. Sie wird dort reichlich bewirtet und sagt den Leuten ihre Zukunft voraus, indem sie sich auf einen hohen Zauberstuhl setzt und einen Ring von Frauen um sich versammelt, von denen eine ein Zauberlied, einen „Wardlokkur", singt, um die Geister anzulocken. Diese Geister werden nun von der Völva befragt und erteilen ihr Auskunft, was sich in Zukunft ereignen werde. Dies wird von der Völva den Hofbewohnern verkündet. Ebenfalls von einer

Seidfrau berichtet die nordische *Vatnsdoela saga*; hier ist es eine Finnin, welche den Seidr durchführt:

>*Ingiald und die Seinen rüsteten einen Seidr nach Sitte der Vorzeit, daß die Leute nach ihrem Geschicke forschen konnten. Da war ein zauberkundiges Finnenweib gekommen ... Der Finnin war ein hoher Sitz bereitet, und der war feierlich geschmückt. Dorthin traten die Männer zur Frage und forschten nach ihrem Schicksal. Sie weissagte jedem, wie es sich traf.<*

Nordische Seherinnen. Bild von Carl Larsson.

Wie sich viele der Menschen im sechzehnten Jahrhundert, einer der Höhepunkte der furchtbaren Hexenprozesse in Europa, die verschiedenen Kräfte und Fähigkeiten der Hexen vorstellten, zeigt uns das Gedicht *Ein wunderlich gesprech von fünff unhulden* von Hans Sachs aus dem Jahre 1531. Damals sprach man oft von „Unholden" anstatt von Hexen, und natürlich werden hier besonders die schädigenden Fähigkeiten dieser Frauen hervorgehoben:

>*Eins nachts zog ich im Niderland*
(Die weg mir waren unbekand)
Durch einen dicken, wilden waldt.
Zu einer wegscheyd kam ich bald.
Erst west ich nicht, wo ein noch auß.
Ich setzt mich undter einen strauß,
Zu bleiben an den morgen fru.
Do giengen mir die augen zu
Sichtlich sach ich in qualmes traum
Fünff weibsbild undter einem baum,
Alt, geruntzelt und ungeheuer.
Redten gar seltzam abentheuer.

Die erste zauberin.
Die erst sprach: Hört ir lieben gspiln,
Wir theten her einander zieln,
Iede ir kunst frey zu bewern
Und eine von der andern lern.
So wist, das ich mit meiner kunst
Bezwingen kann der mender gunst!
Mit zauber-listen ich in thu.
Das sie haben on mich kein rhu.
Das manns-glied ich eym nehmen kan.
Das er sunst nindert ist kein man.

Die ander hex.
Die ander sprach: Du kanst nicht viel.
Mein kunst ich auch erzelen will.
Ich kan undter das gschwell eym graben,
Das es darnach das gschoß muß haben.
Die gschoß kan ich segnen und heylen
Und melcken milch aus der thor-sewlen,
Die nattern bannen, den wurm segnen,
Und wo beschrierne kinder legen,
Kan ich machen wieder gesund,
Mein kunst im gantzen Land ist kundt.

Die dritt teuffels-bannerin.
Die dritt sprach: Mein kunst solt ir hörn.
So kan den teuffel ich beschwörn
Mit meiner kunst in einem kreiß,
das er verborgen schetz mir weiß.
Die kan ich graben, wenn ich will.
Inn der christall und der parill
Kan ich auch sehen viel gesicht,
Wa suber etlich meyl geschicht.
Den leuthen kan ich auch warsagen,
Wo man in etwas hat endtragen.

Die vierdt wettermacherin.
Die vierdt sprach: Ir seit seicht gelehrt.
Mein kunst mir allein ist beschert.
Den teuffel ich genommen han.
Ich bin sein fraw und er mein man.
Derselbig hilfft mir wetter machen,
Das sein die wuchrer mügen lachen,
Wann ichs trayd inn die erden schmitz

Mit hagel, schauer, donner, plitz.
Mit gspenst mach ich ein raysing zeug,
Damit ich die einfelting treug.

Die fünfft unhuld.
Die fünfft sprach: Mein kunst ob euch ölln,
Kan mich inn ein katzen verstelln,
Auch kan ich faren auff dem bock,
Far uber stauden, stein und stock,
Wo hin ich will, durch berg und thäler.
Auß der kuchen und dem weinkeller
So hol ich gut flaschen mit wein,
Würst, hüner, gense, wo die sein.
Damit erfreu ich meine gest.
Mein kunst ist noch die allerbest.

Der beschluß
Inn dem ein ein vogel auff eym ast
Wurd flattern gar lautraysig fast.
Da erwacht ich in dieser sag.
Da war es heller, liechter tag.
Da kund ich gar wol mercken bey,
Es wer ein traum und fantasey,
Geleich als wol als mit den weyben,
Die solche schwartze kunst sind treyben.
Ist doch lauter betrug unnd lügen.
Zu lieb sie nyemand zwingen mügen.
Wer sich die lieb lest ubergan,
Der selb hat im es selb gethan,
Das er laufft wie ain halber narr.
Nimpt man ires eingrabens war,
So ist es fantasey allwegen.

So sind erlogen all ir segen.
Der teuffel lest ein weib sich zwingen,
So ferr ers inn unglaub müg bringen.
Auch wo man schetz waiß unverhol,
Die grebt man on den teuffel wol.
So ist der christallen gesicht
Lauter gespenst, teuffels gedicht.
Ir warsagen ist warheytlär,
Das zutrifft etwan ungefär.
Das wetter-machen sie bethort.
Schlüg sonst gleich wol auch an das ort.
Des teuffels eh und reutterey
Ist nur gespenst und fantasey.
Das bockfaren kumpt auß mißglauben.
Der teuffel thuts mit gspenst betauben,
Das sie ligt schlaffen in eym qualm.
Maint doch sie far umb allenthalbm
Und treyb diesen und jhenen handel
Und in ein katzen sich verwandel.
Diß als ist haidnisch und ein spot
Bey den, die nicht glauben in Gott.
So du im glauben Gott erkenst,
So kan dir schaden kein gespenst.<

Dieses Gedicht zeigt, wie unterschiedlich die Fähigkeiten von Hexe zu Hexe sein können. Jede hat ihre besonderen Talente und Schwerpunkte. Die erste versteht sich auf die Kunst des Liebes- aber auch des Impotenzzaubers. Die zweite besitzt die Fähigkeit, den Menschen Krankheiten anzuzaubern (z. B. durch das Vergraben verhexter Gegenstände unter der Türschwelle) und zugleich auch heilen zu können. Sie kennt verschiedene Heilsegen und versteht es auch, fremden Kühen die Milch auf zauberische Weise zu entwenden sowie Schlangen zu bannen. Die dritte versteht sich aufs Wahrsagen mithilfe eines Kristalls, weiß verborgene Schätze aufzufinden und für diesen Zweck Dämonen zu beschwören. Die vierte Hexe ist eine Wettermacherin, die Blitz und Donner heraufbeschwören kann. Die fünfte beherrscht die Kunst der Tierverwandlung, hier speziell in eine Katze, und vermag auf einem Stecken durch die Lüfte zu fliegen. Bei den verschiedenen Hexenkünsten wird auch klar, warum es so viele unterschiedliche Bezeichnungen für die zauberkundigen Frauen gab. Es gab beispielsweise die Lachsnerin, welche sich aufs Heilen verstand, die Zessenmacherin, welche den Sturm beschwor (von ahd. zessa, Sturm) oder die Weissagerin (ahd. wizzaga), welche in die Zukunft schaute. Es gab also für jeden Bereich der Zauberei Spezialistinnen. Man hat dann später all diese Frauen unter dem Begriff „Hexen" zusammengefaßt. Daneben zeigt das Gedicht auch noch andere Bezeichnungen wie „Zauberin" oder „Unholde", welche neben dem Hexenbegriff verwendet wurden.

Der Dichter selbst hält dies alles jedoch für Einbildung und tut es als heidnischen Aberglauben ab.

Die angeborene Hexenkraft kann durchaus noch verstärkt werden. Es sind bestimmte Kräfte in der Natur, welche auf die eigene Kraft wirken und diese potenzieren. Das sind unter anderem die Kräfte der Erde, des Mondes und des Feuers. Zur Zeit der Hexenprozesse versuchte man, die der Hexerei Verdächtigen bei ihrer Gefangennahme vom Erdboden fernzuhalten, denn nach sehr altem Glauben fließen den Hexen von der Erde magische Kräfte zu und verstärken ihre Macht. Durch die Berührung des Erdbodens mit bloßen Füßen, vor allem beim Tanzen, werden die „Batterien" praktisch neu aufgeladen. Mit einer Handvoll Erde lassen sich verschiedene Zauber wirken oder auch brechen. In einem überlieferten altenglischen Zauberspruch heißt es:

>Erde hat Macht wider alle Wichte
und wider Feindschaft und wider Vergessen
und wider des mächtigen Mannes Zunge.<

Für die naturreligiösen Menschen ist die Erde eine Göttin, ein heiliges Wesen, die Mutter der Menschen. Die heidnischen Völker ehren die Erdmutter, küssen sie und bringen ihr Opfergaben dar. Ihr heiliges Tier ist die Kröte, ein Sinnbild der Gebärmutter, später als eines der typischen Hexentiere gefürchtet. Hexen versammeln sich gerne an Orten, an denen viele Kröten sind, denn dort ist die Erdkraft besonders stark.

Die Erde ist Heimat der Zwerge, der Erdgeister, mit denen viele Hexen in Verbindung stehen. Die Erdgeister sorgen für die Wachstumskräfte, lassen die Pflanzen gedeihen und stehlen der Sage nach zuweilen Kinder, die sie mit ihren eigenen Kindern vertauschen; das sind die sogenannten Wechselbälger. Die Zwerge können aber auch der Hexe oder dem Zauberer hilfreich zur Seite stehen, wenn man sie entsprechend gut behandelt. Es gibt verschiedene Überlieferungen, die das Spenden von Opfergaben an die Zwerge erwähnen. Das Reich unter der Erde gilt als Aufenthaltsort der Toten. Aus den Tiefen der Erde strömen die Kräfte der Unterwelt und werden von den Hexen zur Verstärkung der Kraft genutzt. Einige Zauber werden auf dem bloßen Erdboden vollzogen; dabei ruft man die Macht der Mutter Erde und der Erdgeister (die „Unterirdischen") an. Bestimmte Zauber-Utensilien werden in die Erde gesteckt oder in ihr vergraben, um sie mit Erdkraft zu erfüllen und dadurch magisch aufzuladen.

Eine weitere Verstärkung der Hexenkraft erfolgt durch das Mondlicht. Aus Schlesien ist die Begrüßung und Anbetung des Mondes überliefert (aus Peuckert, *Schlesische Sagen*):

>*Die Hermsdorfer Hexe saß, wenn die andern zur Christnacht gingen, auf einer Bank vor der Tür und betete zum Monde. Und auch die alte Gottwalden murkste um Neumond und solche Zeit allerlei, so daß sie nach ihrem Tode wiederkam. In Goldentraum gingen dreie bei hellem Mondschein auf den Kreuzweg und beteten dort den Mond an; dadurch bekamen sie Macht zu allerlei Zauberkünsten, und die verstorbene Frau Brosig aus Patschkau, die sich erhangen hat, machte vor dem Vollmond drei Neigungen mit den Worten: Guten Abend, Herr Mond! Guten Abend, Herr Mond! Guten Abend, Herr Mond! Wenn man sie fragte, warum sie denn das tue, antwortete sie nicht.*<

Der Mond. Bild von Albrecht Dürer.

Es ist alter heidnischer Brauch, beim Erscheinen der neuen Sichel den Mond zu begrüßen und Feuer anzuzünden. Ein keltisches Gebet an den Neumond ist uns aus der *Carmina Gadelica* überliefert:

>Sehe ich den Neumond wieder,

so ziemt es sich, die Augen zu heben,

so ziemt es sich, das Knie zu beugen,

so ziemt es sich, das Haupt zu senken

und dich zu preisen, heller Mond,

daß ich dich noch einmal gesehen habe,

daß ich den Neumond gesehen habe,

der liebevoll den Weg mir weist.

Manch einer ist von uns gegangen

in den Tagen zwischen beiden Monden,

doch ich lebe noch immer auf der Erde,

Mond der Monde, Segensreicher!<

Die griechischen Hexen wußten, wie man die Energie des Mondes herabziehen kann, indem sie die Mondgöttin anbeteten. Der römische Dichter Ovid läßt in einem seine Werke die Zauberin sprechen:

>Leistet ihr Hilfe, so geh'n, wenn ich will,

Flüsse zurück zum Quell',

so empört sich die stehende Meerflut,

und die Empörte steht durch Verzauberung;

Wolken vertreib' ich,

Wolken auch führ' ich heran,

verjag und rufe die Winde,

reiße durch Zaubergesang und Kräuter den Vipern den Schlund auf,

und den lebendigen Fels und die Eich',

entrüttelt dem Erdreich, führ ich hinab samt Wald,

und Berghöh'n laß' ich erbeben

und aufdröhnen den Grund

und Geister aus Gräbern hervorgeh'n,

Mond ich zieh' dich herab ...<

Die Fähigkeit des Mondherabziehens besaß auch die griechische Zauberin Kirke, wie Vergil sie in seinem Werk *Damon* beschreibt:

> *>Selber den Mond vom Himmel vermag zu locken Beschwörung:*
> *Kirke verwandelte so mit Beschwörung Ulysses Gefährten,*
> *berstet durch Zaubergesang*
> *ja die frostige Schlang'*
> *in den Wiesen.<*

Eine andere Zauberin erwähnt Tibull:

> *>Diese sah ich selber Gestirn vom Himmel herabzieh'n ...<*

Aber schon der bloße Mondschein bewirkt eine Verstärkung der Hexenkraft. Der Mond beeinflußt Körper und Geist des Menschen, aber auch die Tiere, das Wachstum der Pflanzen, die Gezeiten und vieles mehr. Er kann den Geist des Menschen verwirren, Mondsucht hervorrufen, Gemütsleiden und Triebverhalten verstärken. Nach altem Glauben wohnen auf dem Monde die Geister der Ahnen, und diese kommen mit dem Schein des Vollmondes auf die Erde herab. Es ist das Reich der Geister, die astrale Ebene und das Tor zum Reiche der Götter, an dessen Pforten der Mondgott wacht. Vom Monde kommt das Soma, der fruchtbarmachende Samen des Himmels, der mit dem Regen auf die Erde träufelt und das Wachstum auf ihr bewirkt. Bei Vollmond sind die Pflanzen voller Saft, Wunden bluten stärker, und die Hexenkraft ist auf ihrem Höhepunkt, denn auch sie ist von den Phasen des Mondes abhängig. Der Vollmond nimmt aber auch den Pflanzen etwas von ihrer Heilkraft, deswegen ist vom Sammeln von Heilpflanzen zu Vollmond abzuraten. Die Neumondphase hingegen ist günstig zum Kräutersammeln. Die destruktive, unheilbringende Form der Hexenkraft hat einen anderen Höhepunkt bei Schwarzmond, wenn das Mondlicht völlig verschwunden ist. In dieser Finsternis herrschen die zerstörerischen Kräfte vor; die Hexe wirkt besonders unheilvoll. Das Menstruationsblut einer „schwarzen" Hexe besitzt zu Schwarzmond sehr gefährliche Energien, mit denen sich die unheilvollsten Zauber durchführen lassen. Schaut eine solche Frau in den Spiegel, so wird dieser trüb; berührt sie Blumen, so welken diese. Trägt sie Silberschmuck, so färbt sich dieser schwarz.

Wenn eine Hexe Zauber wirken will, so achtet sie dabei immer auf die Phase des Mondes, ob er zu- oder abnimmt, ob er voll ist oder verfinstert. Ihre Zauber sind meistens stärker als die des gewöhnlichen Magiers, weil sie ihre angeborenen Kraft mit in den Zauber einfließen lassen kann; doch auch nur dann, wenn sie die Gesetze der Magie kennt und beachtet. Deswegen ist eine richtige Hexenausbildung ein langjähriger Prozeß; mancherorts spricht man von dreimal sieben, also insgesamt 21 Jahren, die eine solche Ausbildung dauert.

Der Blick ins Mondlicht und der Tanz im Schein des vollen Mondes verstärken die Hexenkraft. Die Vollmonde an den sogenannten Kreuzvierteltagen im Februar, Mai, August und November sind besonders kraftvoll und werden daher auch als heilige Festtage gefeiert. Es sind die vier Vollmondfeste, die zwischen den vier Sonnenfesten (die Sonnenwenden und Tagundnachtgleichen) liegen. Vor allem der Mai- und der Novembervollmond sind ausgesprochene Hexentage; im Volksglauben sind sie noch bis heute als Walpurgisnacht und Allerseelen (dem englischen Hallowe'en) bekannt. Sie liegen sich genau gegenüber und stehen für Leben und Tod, dem Werden und Vergehen in der Natur.

In früheren Zeiten saßen die Menschen oft am offenen Feuer, an dem sie ihre Mahlzeiten bereiteten, sich wärmten und das Licht für ihre abendlichen Tätigkeiten nutzten. Das Feuer gilt als heilig und segenspendend; diese Auffassung kennt man zum Teil auch noch heute, unter anderem aus dem Hinduismus. Aus dem Rauche des Feuers läßt sich die Zukunft ablesen; in ihm sieht man die Schatten der Geister tanzen. Die feurige Energie verstärkt die Hexenkraft, wenn sie mit den Augen aufgenommen wird. Die Hexe blickt ins Feuer und gewinnt so an Kraft. Am kraftvollsten wirken die heiligen Festfeuer, wie das Oster- und das Mittsommerfeuer. Diese Feuer sind magisch und sehr heilkräftig. Der Sprung darüber vertreibt Krankheiten, verbrennt alles Unreine und Schädigende. Feuer reinigt Körper und Geist, vernichtet Krankheitserreger und erleuchtet die Finsternis, in der sich gerne schädigende Geister verstecken. Im *Hohenlied* (*Hávamál*) der *Edda*, der nordischen Mythensammlung, heißt es:

>*Feuer ist das Beste den Erdgeborenen und der Sonne Schein.*<

So verstärken die Hexen ihre angeborene Kraft durch Erde, Mond, Feuer und die Hilfe der Geistwesen. Manche Hexen haben sogar einen Geliebten in der Geisterwelt und erlangen durch den Verkehr mit diesem noch zusätzliche magische Macht. Während der Zeit der Hexenverfolgungen hörte man oft den Vorwurf, die Hexe habe einen sogenannten Inkubus, einen Buhlteufel, mit dem sie fleischlich verkehre. Daß Menschen und Geister ein Liebesverhältnis miteinander haben können, ist ein häufig vorkommendes Thema der Sagen und Mythen, ein uralter Glaube. In den naturreligiösen, schamanischen Stammesgesellschaften findet sich dieser Glaube ebenfalls.

Eine weitere Verstärkung ihrer Kraft erreicht die Hexe durch den Gebrauch gewisser Pflanzen. Es handelt sich hierbei um typische Zauber- und Hexenkräuter, oft mit psychoaktiver, also bewußtseinserweiternder Wirkung. Der normale Mensch erfährt durch den Gebrauch dieser Pflanzen zumeist Sinnesverwirrung, Halluzinationen und Vergiftung. Die Hexe aber, welche die magische Regeln zur Anwendung dieser Kräuter kennt, erfährt eine Potenzierung ihrer Kräfte. Die Hexe kann diese Pflanzen beispielsweise zu einer Hexensalbe verarbeiten.

>*Die Salbe gibt den Hexen Mut,*
Ein Lumpen ist zum Segel gut
Ein gutes Schiff ist jeder Trog
Der flieget nie, der heut nicht flog.<

So ertönt der Hexenchor in Goethes *Faust*.

Man glaubte, die Hexen besäßen eine besondere Salbe, mit der sie sich einschmierten und dann auf Tieren, Stecken oder sonstigen Gegenständen zum Hexentanz fuhren. Fand man zur Zeit der Hexenverfolgungen bei einer Frau ein verdächtiges Salbgefäß, so reichte dies schon zur Verhaftung der Person. Oft ist die Rede von einer grünen Hexensalbe, der Pappelsalbe (Unguentum populi), welche aus Pappelknospen und Schmalz zubereitet wird. Dazu erhitzt man 1 Teil frische Knospen der Schwarzpappel mit 2 Teilen Fett, solange bis alle Flüssigkeit verdunstet ist. Die gewöhnliche Pappelsalbe wurde gegen verschiedene Leiden, wie Verstauchungen, Entzündungen und Hämorrhoiden, angewendet. Sie allein ist völlig harmlos, doch durch die Beimischung bestimmter psychoaktiver Pflanzen wird sie zur magischen Hexensalbe. Eine solche Pflanze ist beispielsweise das Schwarze Bilsenkraut (Hyoscyamus niger), ein Nachtschattengewächs, das schon seit Urzeiten eine wichtige Rolle als Zauber-, Gift-, Rausch- und Heilpflanze spielt. Die Germanen würzten damit ihr Bier, um es kräftiger in seiner Wirkung zu machen. Das damalige Bier enthielt noch keinen Hop-

31

fen und machte daher auch nicht müde, sondern stark und frisch; außerdem schmeckte es nicht bitter. Vom Bilsenkrautbier leitet sich der Name „Pilsener" ab. Das Bilsenkraut ist sehr giftig und erzeugt in kleinen Mengen einen Rausch; größere Mengen führen zum Tode. Namen wie „Totenkraut" oder „Nifelkraut" (Nifelheim ist das alte Totenreich der Germanen) deuten auf die Verbindungen der Pflanze zur Anderswelt, zum Reich der Toten, hin. „Nifel" bedeutet „Nebel", da man sich die Totenwelt als nebelhafte Stätte dachte. Das Bilsenkraut (ahd. bilisa) hat seinen Namen vom Lichtgott Bel, dem griechischen Apollo („Apollinaris"), erhalten. In Delphi befindet sich ein Heiligtum des Apollo; und seine Priesterinnen weissagten vermutlich unter der Wirkung des Bilsenkrautes, seiner heiligen Pflanze. Bei diesem Apollinaris scheint es sich um das im Mittelmeerraum heimische Goldene Bilsenkraut zu handeln. Das Rauschgift des Bilsenkrautes ist das Hyoscyamin, und die Samen enthalten noch zusätzlich Scopolamin. Vergiftungserscheinungen zeigen sich durch eine heiße, gerötete Haut, Heiserkeit, Schluckbeschwerden, trockene Schleimhäute, Sehstörungen, Herzbeschwerden und Halluzinationen. Man verwendete es als Medizin bei Zahn- und Ohrenschmerzen, Einschlafstörungen, Husten, Bronchitis, Augenentzündungen und bei verschiedenen anderen Leiden.

Tabernaemontanus schreibt im sechzehnten Jahrhundert. über das Bilsenkraut:

>*Bilsenkraut oder Bilsen wirdt auch genennet Dollkraut/ Schlaffkraut/ Säuwbon/ Rindtswurtzel/ Zigeunerkraut. Lateinisch HYOSCYAMUS, FABA SNILLA, APOLLINARIS, SYMPHONIACA, PALLADIA, HERBA CANICULARIS, DENS CABALLINUS.*
Von der Natur/ Krafft/ und Eygenschafft dess Bilsenkrauts
Das Bilsenkraut ist auch sehr kalter Natur/ (und wird der Weiss von GALENO kalter Natur gesetzet/ biss in dritten Gradt/ aber trucken im er-

sten.) FERNELIUS schreibt/ das seye am besten zu gebrauchen/ welches ein weisse Blume/ und weissen Samen hat/ wiewol auch nicht sicher: Die ander aber sol man gantz und gar verwerffen.

Innerlicher Gebrauch

GALENUS sagt obwol das weisse Bilsenkraut/ besser als die andere können in Leib gebrauchet werden/ so soll man sie doch allzumal gleich wie ein Gifft fliehen unnd meiden/ dann sie ein Natur an sich haben/ die Menschen doll unnd unsinnig zu machen: Wie solches an den Fischen wahr zu nehmen ist/ welche sobaldt tobendt werden/ wann sie dess Samens gessen haben. Die Hüner auff den Balcken fallen herab/ wann sie mit Bilsensamen beräuchert werden/ unnd so sie den Samen essen/ sterben sie darvon. Also macht es auch die Menschen Schlafftruncken und doll/ wann sie sein viel essen. Es meldet MATTHIOLUS, er habe Bawrenkinder gesehen/ die diesen Samen gessen hetten/ die waren also tämisch unnd unsinnig/ dass die Eltern meyneten/ sie weren vom bösen Geist besessen. Daher nennen es die Bawren DISTARBIO, das ist Verwirren.

So die wildte Schwein von diesem Kraut essen/ kompt sie der Krampff oder Tropff an/ aber die Natur hat sie ein Artzney gelehrt/ eylen alsbaldt zum Wasser/ fahen Krebs und essen sie/ damit wirdt jhnen geholffen. Und wiewol DIOSCORIDES schreibet/ dass man den Samen zu etlichen jnnerlichen Gebresten dess Leibs gebrauchen soll/ ist jhm doch hierinn nicht nachzufolgen/ sondern vielmehr GALENO zu gehorchen/ welcher jhn gantz unnd gar verbeut.

(So jemandt in Argwohn were/ dass er Bilsenkraut oder Samen gessen hette/ der trinck von stund an Geyssmilch/ Meth/ Kürbsamen mit süssem Wein/ oder Nesselsamen/ Kressen/ Senff oder Rättich/ Zwiebeln/ Knoblauch/ welches man haben mag/ mit Wein getruncken/ dardurch wird der Schade gewendet.)

Äusserlicher Gebrauch

Bilsenkraut/ Blumen und Samen/ dienen zu dem Schlaff/ stillen Schmertzen/ so mans aber zu viel braucht/ machen sie doll.

Die Bletter also grün uber Geschwulst gelegt/ nimmet den Schmertzen/ trucket die Geschwulst nider.

So man die mit Mehl zerstosset/ stillet unnd vertreibet das Gliederwehe/ und das hitzige Podagram/ darüber geschlagen.

Ein Fusswasser oder Dampff darvon gemacht/ bringet den Schlaff.

Die Bletter zerstossen unnd ubergeleget/ stillet das Bluten und ubrige Fluss der Frawen.

Mit altem ungesaltzen Schmer eines Pfundts schwer zerstossen/ und ein Becherlein guten alten Wein uber einem Fewer darunder gemischet/ Pflastersweiss auff Wunden geleget/ soll trefflich wol heylen.

Die Wurtzel mit Essig gesotten/ ist gut zu den Schmertzen der Zäne/ darmit warm gewaschen.
Der Same zerstossen/ mit Wein vermischet/ unnd wie ein Pflaster ubergelegt/ ist gut wider das Podagra/ wider die windige Geschwülst/ dess Gemächts/ und zu den geschwollenen Brüsten nach der Geburt.

Der Samen gepülvert/ mit Frawenmilch unnd Eyerklar und ein wenig Essig vermischt/ unnd an die Schläff gestrichen/ machet wol schlaffen.
Der Rauch von diesem Samen durch ein Trechter gegen dem Zahn empfangen/ und den Mundt wider gewäschen/ stillet den Schmertzen.
Der Samen mit Wein zerstossen/ und auff die schwärende Brüst der Frawen gelegt/ hilfft wol.<

34

Bei unseren heidnischen Vorfahren wurde das Schwarze Bilsenkraut zum Regenzauber verwendet, wie schon Burchard von Worms im 10. Jh. nachweist. Es steht in Beziehung zum germanischen Donner- und Regengott Donar. Man nannte es „Jupiter Bohne", und Jupiter ist die römische Entsprechung Donars. Jedenfalls wird das heimische Schwarze Bilsenkraut auch „Prophetenkraut" genannt, was auf seine Verwendung in der Weissagung hindeutet. Bei dem erwähnten Regenzauber mußte ein nacktes Mädchen das Bilsenkraut mit dem kleinen Finger der rechten Hand pflücken und es an den kleinen Zeh des rechten Fußes binden. Dann wurde es von den anderen Frauen an einen Fluß geführt und dort mit Wasser besprengt, wobei man Zauberlieder sang, um den Regen zu beschwören. In späteren Zeiten tauchte man zu diesem Zwecke Bilsenkraut in eine Quelle und sprengte die anhaftenden Wassertropfen auf einen heißen Stein.

Über das Bilsenkraut gebietet ein mächtiger Pflanzengeist, mit dem sich Hexen und Schamanen in Verbindung setzen können. Den Uneingeweihten und Ungläubigen jedoch, der sich ohne Vorbereitung am Bilsenkraut berauschen will, schädigt der Pflanzengeist durch Vergiftungen und Sinnestäuschungen. Wer aber ein gutes Verhältnis zu diesem Wesen aufbaut und es respektvoll behandelt, dem wird es zum geistigen Helfer. Die kundige Hexe erfährt mithilfe des Bilsenkrautes eine Steigerung ihrer Kraft. Es hilft ihr bei der Kommunikation mit Geistwesen und beim Seelenflug. Die Hexe mischt das Bilsenkraut und einige andere Kräuter (beispielsweise Mohn, Hauswurz, Lattich, Knabenkraut, Alraune, Tollkirsche und Hanf) der Pappelsalbe bei und macht daraus auf diese Weise eine Hexensalbe. Mit dieser Salbe schmiert sie sich ein, worauf eine Veränderung des Bewußtseinszustandes einsetzt. In diesem Zustand schickt die Hexe ihren Geistleib aus, um in andere Welten zu reisen, oftmals in Tiergestalt.

Schwarzes Bilsenkraut. Von Jacob Theodor Tabernaemontanus, 1597.

Übrigens erschwert der Genuß von Salz das Loslösen des Geistes vom Körper, weil Salz den Geist an die Materie bindet. Salzige Nahrung, z. B. Salzstangen, kurz vor dem Schlafengehen kann zu Schlafstörungen führen. Deswegen aßen die Hexen auf ihren Versammlungen das Mahl ungesalzen, so wie es heute noch bei manchen Schamanen üblich ist.

Der antike römische Schriftsteller Apuleius erzählt in seinem Roman „Der Goldene Esel" von den thessalischen Hexen, daß diese sich mit einer Salbe einschmierten und so fliegen oder ihre Gestalt wandeln konnten. Er erwähnt die Hexe Pamphile, die sich von Kopf bis Fuß mit einer Salbe einrieb und sich so in einen Uhu verwandelte. Johannes Hartlieb schreibt 1556 in *Das puch aller verpoten kunst, ungelaubens und der zaubrey* über die Hexensalbe:

>*Zu sölichem farn nützen auch man und weib, nemlich die unhulden, ain salb die hayst unguentum pharelis. Die machen sy uß siben krewtern und prechen yeglichs krautte an ainem tag, der dann dem selben krautt zugehört. Als am suntag prechen und graben sy Solsequium (Sonnenwende), am mentag Lunariam (Lunaria, Mondraute), am eretag (Dienstag) Verbenam (Verbena, Eisenkraut), am mittwochen Mercurialem (Mercurialis), am pfintztag (Donnerstag) Barbam jovis (Hauswurz), am freytag Capillos Veneris (Capillus Verneris, Frauenhaar). Daruß machen sy, dann salben mit mischung ettlichs pluotz von vogel, auch schmaltz von tieren; das ich als nit schreib, das yemant darvon sol geergert werden. Wann sy dann wöllen, so bestreichen sy penck oder stül, rechen oder ofengabeln und faren dahin. Das alles ist recht Nigromancia, und vast groß verboten ist.*<

Die hier erwähnte Hexensalbe Unguentum Pharelis enthält wieder ganz andere, viel „harmlosere" Pflanzen als die Unguentum Populi. In spätere Zeit finden wir noch die Erwähnung verschiedener anderer Hexensalben. Diese trugen Namen wie Buhlsalbe, Flugsalbe, Hexenschmiere, Schlafsalbe, Unguenta Somnifera oder Unguenti Sabbati. Die Hexensalbe ist jedenfalls eine von vielen Möglichkeiten, die Hexenkräfte bewußt zu verstärken. Die Gefahr jedoch besteht darin, die Salbe falsch anzuwenden und dadurch Körper oder

Geist zu schädigen. Deswegen wissen nur die erfahrensten Hexen mit ihr umzugehen. Man braucht sie nicht, um Erfahrungen in geistigen Welten zu machen, denn das Bewußtsein läßt sich auch ohne solche Rauschpflanzen erweitern. Wer im engen Kontakt zu den Naturwesen steht und sich geistig für sie öffnet, dem werden sie sich auch mitteilen.

Es ist interessant, wie sich die geistige Hexenkraft auch auf das körperliche Erscheinungsbild einer Frau auszuwirken scheint. Aus den Märchen und Sagen kennen wir ja die Vorstellung von der knochigen alten Hexe mit der langen Nase; ja, es gibt geradezu einen richtigen Hexentypus. Alte Erfahrung oder einfach nur Dämonisierung? Wenn wir die moderne Homöopathie betrachten, welche die Menschen in die verschiedenen homöopathischen Konstitutions-Typen einteilt, so stoßen wir auf einen Frauentypus, welcher dem volkstümlichen Bild von einer Hexe ziemlich genau zu entsprechen scheint. Die Rede ist hier von der Sepia-Frau. Sepia (Tintenfisch) ist ein homöopathisches Mittel, auf welches ein bestimmte Typus von Frauen besonders gut anspricht. Daher der Ausdruck Sepia-Frau. Man hat festgestellt, daß viele Sepia-Frauen gewisse geistige und körperliche Übereinstimmungen haben. Wenn wir die volkskundlichen Überlieferungen betrachten, dann finden wir folgende Hexenmerkmale: Eine lange schmale Nase, manchmal auch gebogen, tiefliegende Augen mit dunklen Ringen, eine knochige Gestalt, verstärkte Gesichtsbehaarung („Hexenbart") und ein Mal im Gesicht (oft auf der Nase). Bei der Sepia-Frau werden genau die gleichen Merkmale geschildert: Es heißt von Sepia, sie habe eine gelbliche Haut, langes Haar, eine lange schmale Nase (manchmal gebogen), Male im Gesicht, einen schlanken knochigen Körper, eine stärkere Körper- und Gesichtsbehaarung und tiefliegende Augen mit dunklen Ringen. Sie gilt als unabhängige, magisch interessierte Frau, die gerne tanzt und sich mit Heilkunst beschäftigt. Sie schert sich selten um Konventionen und läßt sich nicht in die Rolle des Hausmütterchens drängen. Sie strahlt eine intuitive Weisheit aus und hat eine gute Verbindung zur Erde. Sie kann aber auch zur Xanthippe werden und so dem Bild von der zänkischen alten Hexe entsprechen. Für einige Homöopathen entspricht Sepia genau dem klassischen Hexentypus. Daher kann man also eine Hexe durchaus an ihrer äußeren Erscheinung erkennen. Wobei das noch nicht heißt, daß jede Sepia-Frau eine Hexe ist, jedoch sind anscheinend viele Hexen Sepia-Frauen. Der Arzt und Homöopath Bailey schreibt in seinem Buch *Psychologische Homöopathie* über die Sepia-Frau:

>*Die meisten Hexen sind Sepia, und die meisten Sepia-Frauen haben etwas von einer Hexe an sich. Sie haben eine gewisse natürliche Hellsichtigkeit, und sie sind gewöhnlich von esoterischen und mystischen Ideen fasziniert. Außerdem haben sie einen gesunden, unabhängigen Verstand, der subtil ist und auch verborgene Mysterien, die sich der Logik nicht erschließen, leicht erfassen kann. ... Sepia hat nicht nur eine natürliche Beziehung zu ihrem Körper, sondern steht oft auch im Einklang mit der Erde und ihren natürlichen Kreisläufen. ... Hexen hatten immer eine enge Beziehung zur Mutter Erde und nutzten die Früchte der Erde, um Heiltränke, Aphrodisiaka und auch Gifte herzustellen.*<

Der stärkere Haarwuchs der Hexen ist ein Zeichen ihrer Naturverbundenheit und magischen Kraft. Früher schnitten die Hexenjäger den vermeintlichen Hexen Haupt- und Körperhaare ab, um ihnen ihre magische Kraft zu nehmen. In der Geschichte von Samson und Delilah schneidet die Frau dem starken Samson sein üppiges Haupthaar ab, um ihm seine Kraft zu rauben. In der russischen Kirche mußten die Geistlichen lange Bärte tragen, um genug spirituelle Kraft zu haben. Bei der Initiation germanischer Krieger gingen diese für einige Zeit mit Wolfsfellen bekleidet in den Wald, wo sie wie wilde Tiere lebten und sich weder Haare noch Nägel abschnitten. Sie sollten so besser in Kontakt mit den Naturkräften treten können. Erst nach Beendigung der Initiation kehrten die jungen Männer auf ihren Hof zurück und schnitten sich wieder die Haare und Fingernägel. Lange Haare, aber auch der Bart, stellen eine stärkere Verbindung mit den Kräften der Erde her. Und die Erde versorgt ja die Hexen mit Zauberkraft, aber sie stärkt auch alle Wesen mit Lebenskraft. Kleinen Kindern wurden die Haare nicht geschnitten, weil man sie in ihrer Vitalität nicht schwächen wollte.

Die lange Nase der Hexen wurde auch ihrer Herrin, der Göttin Holda, Perchta oder Frau Faste, nachgesagt. Man sprach von „Frau Percht mit der langen Nas'". Zu dieser Göttin werde ich später mehr schreiben. Paracelsus (1493-1541) erwähnt schon in seinen Schriften die Hexen mit den langen Nasen, welche in abgelegenen Waldhütten hausen würden. Wenn kleine Kinder Hexen malen, dann in der Regel mit langen Nasen, so wie man sie auch aus diversen Märchen und Sagen kennt. Auch die traditionellen Hexen- und Perchtenmasken der deutschen Volkskunst besitzen solche markanten Nasen.

Jedenfalls ist die Hexenkraft etwas, das nicht jeder Mensch besitzt und das auch nicht ohne weiteres zu erlernen ist. Man kann die Kraft erben oder später übertragen bekommen, aber man sie nicht durch ein paar magische Seminare erwerben. Heute nennen sich zwar viele Leute „Hexen", sind es jedoch im eigentlichen Sinne nicht. Umgekehrt gibt es Hexen, die sich ihrer Kraft nicht bewußt sind und sich nie „Hexe" nennen würden. Das Wort selbst hat auch lange Zeit recht negative Assoziationen geweckt, denn eine Hexe ist ein ambivalentes Wesen, welches zum Heil oder auch zum Schaden wirken kann und welche Verbindung zu den Mächten der

Totenwelt hat. Darum schwingt bei vielen Menschen bei dem Gedanken an Hexen immer eine gewisse Angst vor Schaden mit. Man sollte sich jedoch davor hüten, die Hexe so einseitig zu betrachten. Sie hat als Schamanin eine wichtige Funktion in der Gemeinschaft, in der Sippe und im Stammesverband.

Kapitel 2

In Holdas Gefolge

Weil die Hexen über eine besondere magische Kraft verfügen, waren sie den Männern der Kirche unheimlich. So etwas galt als heidnisch und teuflisch; in den alten heidnischen Göttern sahen die Kirchenmänner Dämonen, Unholde, böse Geister oder Teufel. Für die Christen waren Heiden Ketzer und Teufelsanbeter. Die Ausübung des Heidentums wurde bei Todesstrafe verboten, ebenso die Anwendung von Magie (diese war nur der Kirche vorbehalten). Es gab zwar schon im alten Heidentume schwere Strafen für Schadzauberei, doch war ansonsten die Magie weit verbreitet und gehörte durchaus zum heidnischen Alltag.

Die obersten Götter des Heidentums in Mitteleuropa, Wodan und seine Gefährtin Holda (auch Frick oder Frau Harke genannt), galten den Christen als besonders gefährlich. Man erklärte Wodan zum „Teufel Wodan" (in Schlesien), zum „Wodendüvel" (in Mecklenburg). Holda wurde als des „Teufels Großmutter" angesehen. Es gibt über „die alte Hexe Frick" eine Sage aus der Uckermark:

>*Einst fuhr ein Bauer nach der Mühle von Boitzenburg, um sein Getreide mahlen zu lassen. Abends als er wieder mit seinen schweren Säcken nach Hause fuhr, hörte er plötzlich ein wildes Brausen und lautes Hundegebell. Da kam ihm die Hexe Frick mit ihrem Hundegespann entgegengefahren, und die Hunde spieen helles Feuer aus Maul und Nase, so oft sie bellten. Dem Bauern wurde angst und bange, und er wußte sich nicht anders zu helfen, als daß er*

sein Mehl den Hunden zum Fressen gab, die auch mit Gier alles bis zum letzten Rest auffraßen. Und der Bauer wußte ganz genau, wenn er das nicht getan hätte, wäre es ihm sehr schlimm ergangen. Als er nun betrübt nach Hause kam und seiner Frau erzählte, wie es ihm ergangen, da meinte diese: »*Bist du dein Mehl losgeworden, dann kannst du die leeren Säcke auch gleich mit fortwerfen.*« *Und der Mann tat, wie ihm die Frau geboten, brachte die Säcke auf den Hof und warf sie zum Kehricht. Als er aber am andern Morgen auf den Hof trat, da sah er zu seinem größten Erstaunen die Mehlsäcke wieder voll gefüllt beieinanderstehen, wie er sie aus der Mühle nach Hause gefahren hatte. Das war zum Dank dafür, daß der Bauer den Hunden der Hexe Frick zu fressen gegeben hatte.*<

Wodan und Holda sind Seelenführer, d. h. sie führen die Geister der Verstorbenen ins Jenseits. In manchen besonderen Nächten, vor allem in den heiligen Zwölften der Weihnachtszeit, kommen die Götter mit dem Totenheer wieder auf die Erde und ziehen im Wind über die Lande. Das nennt man dann die „Wilde Jagd" oder das „Wütende Heer". Man muß aber nicht erst gestorben sein, um mit diesem Geisterheer mitziehen zu können. Wenn die Hexen aus ihren Körper treten, nachdem sie sich mit der Flugsalbe bestrichen haben; dann fliegen sie oftmals im Geisterheer mit. Die Frauen gesellen sich zu Holda, von der sie angeführt werden. Burchard von Worms schreibt um das Jahr 1000 in seinem *Decretorum libri*:

>*Es war dein Glaube, daß da eine Frau wäre, fähig das zu tun, was diejenigen vom Teufel Besessenen tun und die fest behaupten, nach einer Notwendigkeit und einem Befehl zu handeln; die mit der Menge der Teufel die Gestalt einer Frau annimmt, welche die allgemeine Torheit Holda nennt, und die zu einer gewissen Nacht auf wilden Tieren reiten muß, und die als der Gesellschaft der Dämonen zugehörig angesehen wird.*<

Auch heißt es außerdem, daß es solche Frauen gäbe, die glauben

>in nächtlichen Stunden mit der heidnischen Göttin Diana und mit einer un-
gezählten Menge von Frauen auf bestimmten Tieren zu reiten und viele Länder
der Erde in stiller, tiefer, unheimlicher Nacht zu durchqueren und ihren Befeh-
len wie ihrer Herrin zu gehorchen und in bestimmten Nächten zu ihrem
Dienst aufgeboten zu werden.<

Diana ist hier die latinisierte Bezeichnung für Holda. Den obigen
Text hat Burchard aus einem älteren Werk übernommen, nämlich
aus dem *Canon Episcopi* des Regino von Prüm aus dem Jahre 906.
Holda wird im süddeutschen Raum auch Perchta genannt. Im *Ser-*
mones des Johannes Herolt aus dem 15. Jahrhundert heißt es von
der Göttin Diana, daß sie in der Volkssprache „Fraw Berthe" oder
„Frau Holt" genannt werde. 1484 wird in *Die Himmelstrasz* des Ste-
phan von Landskron vor dem Glauben an *>die frawen bercht oder an*
die frawen holt, an herodiadis an dyana die heidnisch goettin oder tewfelin<
gewarnt. Hier haben wir wieder die Gleichsetzung von Holda,
Perchta und Diana; hinzu kommt der Name Herodias. Aus dem
Jahre 1557 stammt ein Volksgedicht mit dem Titel Berchtholda.
Martin Luther beschreibt 1518 im *Decem praecepta Wittenbergensi pra-*
edicata populo den Glauben des Volkes an eine Herrin, die durch die
Nacht reite und ihre Verehrerinnen aufsuche, und daß diese Herrin
von einigen „Herodias", von anderen „Domina Hulde" und wieder
von anderen „Venus" genannt werde. Einer der heiligen Berge der
Göttin Holda wird übrigens auch als „Frau-Venus-Berg" bezeichnet.

Im Jahre 1525 erzählt die Wahrsagerin Wyprat (Wiborada) dem
Wustin aus Vorarlberg, daß sie ihre Kunst auf „Frau Selga" und
„Frau Venus" zurückführe. Außerdem sprach die Wahrsagerin von
dem Volk der „Seligen", von den holden Frauen, die während der
Quatemberzeiten Feste mit Gesang, Tanz und fröhlichen Gelagen
feiern würden. Frau Selga ist aus anderen Schriften auch als Frau

Selde bekannt, die Göttin mit dem Glücksrad. Das Rad wurde später zum Spinnrad, ein Attribut Holdas, die Herrin der Spinnerinnen ist. Ursprünglich handelt es sich dabei um das Schicksalsrad, welches von Holda gedreht wird.

Frau Perchta. Holzschnitt von 1486 aus Hans Vintlers „Blumen der Tugend".

Der deutsche Mönch Rudolf berichtet im 13. Jh. im *De officio Cheru-byn*, daß in der Nacht der Geburt Christi die Menschen der Königin des Himmels, die das Volk „domina holda" nennt, ein Speiseopfer darbringen, damit diese sie unterstützen möge:

>*In nocte nativitatis Christi ponunt [mensam] regine celi, quam dominam holdam vulgus appellat, ut eas ipsa adiuvet<..*

Schon die heidnischen Angelsachsen nannten die Wintersonnen-wendnacht die „Nacht der Mütter", wie Beda berichtet. In den Sagen und im Märchen erscheint Holda (Frau Holle) auf dem Himmelsberge sitzend, ihre Federbetten - die Wolken - schüttelnd, so daß es auf der Erde schneit. Der Totenberg, in dem Frau Holle wacht, symbolisiert sowohl den Himmelsberg wie auch den Totenhügel unter der Erde. Die Göttin ist die „Magna Mater", welche die alten Völker hoch verehrten, Herrin über Leben und Tod. Wenn am Abend die Sonne hinab in die Unterwelt sinkt, dann entspricht die Sonne als Sonnenjungfrau der „Goldmarie" im Frau-Holle-Märchen, welche ins Totenreich sinkt und am nächsten Morgen, beim Krähen des Hahns, als strahlende goldglänzende Sonnenfrau wieder emporsteigt. Ihre Stiefschwester hingegen stellt den Mond dar, welcher als fleckige rußige „Pechmarie" aus der Erde aufsteigt. Die Geschichte von der Frau Holle ist daher ein sehr altes Naturmärchen.

Wenn jemand zerzaustes Haar hatte, so meinte man, er sei auf Hollefahrt gewesen und habe nun einen Hollezopf. Auch das Schlafwandeln nannte man Hollefahrt. Der Rosenapfel, den man zuweilen an wilden Rosen findet und der durch die Rosen-Gallwespe verursacht wird, heißt auch „Hexenpolster" oder „Hexenbesen". Die Hexen legen ihn sich unters Kopfkissen, um nachts im Schlaf mit Holda auszufahren.

Holdas heiliger Vogel ist die Gans. In England ist die Göttin noch heute als „Mother Goose" bekannt; ihr Reittier ist ein Ganter, ein Gänserich. Ein altes englisches Volkslied beginnt mit folgenden Zeilen:

>*Old Mother Goose*
when she wanted to wander
would ride through the air
on a very fine gander.

Mother Goose had a house,
it was build in a wood,
where an owl at the door
as sentinel stood.<.

Neben der Gans erscheint hier die Eule als heiliger Vogel der Göttin. In den Sagen fliegt sie als „Tut-Ursel" (Ursel oder Ursula ist die lateinische Form von Artemis) in Eulengestalt dem Wilden Heer voran. Die Hexen tragen Eulenfedern im Haar, um nachts besser sehen zu können und sich mit ihrer Herrin zu verbinden. Holda erscheint in den Sagen oft vogelfüßig; als Hexe Baba Jaga wohnt sie in einem Haus auf Hühnerbeinen. Die Göttin ist die Vogelmutter der Schamanen, welche auf Gänsen in den Himmel fliegen. Der während der Initiation in der Geisterwelt zerstückelte Schamane wird von der Vogelmutter wieder ins Leben gerufen. Hier erscheint Holda als Herrin der Wiedergeburt, wie auch im deutschen Frau-Holle-Märchen. Während der Ahnenzeit im Oktober und November ziehen die Wildgänse in großen Scharen durch den Himmel und bringen so die Botschaften der Götter und der verstorbenen Ahnen vom Himmel zur Erde; die Vögel dienen als die Flugtiere der Geister. Die Gans stellt die Verbindung zwischen den Lebenden und den Toten her und fungiert als Seelenvogel, als Bote zwischen den Welten. Das Fest zu dieser Zeit ist uns noch als Allerheiligen, Allerseelen, Martinsfest oder Hallowe'en bekannt. Es ist das alte heidnische Holdafest, welches bei unseren Ahnen auch „Winternacht" hieß und zu Ehren der Gänsemutter und der Ahnen gefeiert wurde. Ihr Gemahl Wodan, der alte heidnische Himmelsgott, wurde später durch den Heiligen Martin ersetzt. Genau wie Wodan reitet auch Martin auf einem Schimmel.

Ein heiliger Strauch der Göttin ist der Wacholder, dessen Zweige und Beeren sehr oft zusammen mit dem Beifuß, der ihr ebenfalls heilig ist, geräuchert wurden. Wacholder reinigt die Luft von Krankheitskeimen, vertreibt schädliche Geistwesen und dient der Heilung verschiedener Krankheiten. In der Weihnachtszeit, vor allem in den heiligen zwölf Nächten nach der Wintersonnenwende, wird das Haus mit Wacholder, Beifuß und Tannenharz ausgeräuchert, damit es gegen alles Übel geschützt sei. Dazu sagt man Sprüche wie:

>*Glück ins Haus, Unglück hinaus!*<

Auch diese Zeit ist der Holda geweiht, wie wir bereits gesehen haben. Aus alten Quellen ist überliefert, daß die Hexen in der Weihnachts- und Adventszeit mit der Göttin ausfahren. In anderen Quellen wird gesagt, daß Holda mit ihrem Gefolge zur Weihnachtszeit Segen in die Häuser der Menschen bringt. Die letzte Nacht der Zwölften am 2. Januar heißt in Thüringen „Hullefraansnacht", also „Nacht der Hollefrau". In anderen Gegenden lautet der Name „Perchtennacht". Ein thüringisches Volkslied Die Hullefraansnacht geht so:

>*Guck naus, wie´s wieder einmal schneit und stürmt*
und der Wind den Schnee vor die Häuser türmt!

Es glitzert und funkelt in der Dämmerung,
das Dorf auf und ab ist ein Geflüch und Gesprung,
ein jeder weiß, es ist Hullefraansnacht ...<

Nach der Sage verläßt Frau Holle als Hexengöttin mit ihrem Gefolge den Hörselberg - ein alter heidnischer Opferberg in Thüringen - und zieht durch das Land. Wer ihr und ihrem Gefolge über den Weg läuft, wird mit ihrer Weiden- oder Haselnußgerte dreimal geschlagen. Diese Schläge dienen der Reinigung, vertreiben böse Geister und bringen den Menschen Gesundheit, Glück und Fruchtbarkeit. Dieser Umzug der Frau Holle wird von den männlichen Dorfbewohnern nachgespielt: Sie verkleiden sich als Hullefrauen, ziehen umher und schlagen die Leute mit der Rute. Dafür erhalten sie Geld oder Nahrungsmittel als Entlohnung. Nach dem Umzug versammeln sie sich in der Gaststätte und wünschen allen Gästen durch einen Gertenschlag auf den Tisch ein gesundes neues Jahr. Warum aber werden die Hollefrauen immer nur von Männern dargestellt? Wir kennen ähnliches von manchen Schamanen, die sich Frauenkleider anziehen, wenn sie schamanisch arbeiten. Zum anderen sind Frauen aufgrund ihrer ausgeprägteren spirituellen Empfänglichkeit gefährdeter, durch unerwünschte Geister besessen zu werden. Deshalb täuscht man die bösen Geister, indem sich die Männer als Frauen/Hexen verkleiden. Holdas Umzüge dauern noch bis in die Fasnachtszeit, in der sie mit ihrem Gefolge, den schönen und den häßlichen Hollen oder Perchten, umherzieht. Sie selber trägt ja auch in Süddeutschland den Namen Perchta, die „Strahlende". Die Perchten sind die umherziehenden Geister der Toten, der Naturwesen und Hexen. In der Steiermark heißen diese Wesen „Strigholden" (Striga = Hexe). Mit der Frühlingsgleiche endet dann die Ahnenzeit. Die Wildgänse fliegen wieder nach Norden, dem Reich der Götter und Geister, zurück. Nach germanischem Glauben befindet sich das Totenreich Nifelhel im Norden.

Aber auch den Berg, wo die Götter wohnen, den heiligen Himmelsberg, erblickt man im Norden; sein Gipfel ist der Polarstern. Deswegen ist der Norden die alte heidnische Gebetsrichtung. Die Ahnenzeit beginnt dann wieder mit der Herbstgleiche am 22. September. Die ganze dunkle Jahreshälfte gilt als Geisterzeit, denn die Geister brauchen Kälte und Dunkelheit, um der Erde nahe kommen zu können. Damit sie den Lebenden erscheinen können, müssen die Geister ihren feinstofflichen Leib verdichten, denn die Lebenden befinden sich in einer grobstofflichen Welt, der Erdsphäre.

Den Geistern opfert man in der dunklen Jahreszeit Speisen und Getränke, um sie mit Lebenskraft zu stärken. Die Ahnen spenden ihren Nachkommen dafür Glück und Heil. Es ist ein heiliges Band zwischen den Lebenden und den Toten; und beide Seiten erlangen dadurch Kraft.

Die lichte Jahreszeit zwischen Frühlings- und Herbstgleiche ist die Zeit des Lebens, des Wachstums und der Fruchtbarkeit. Hier zeigt sich Holda als liebliche Maigöttin, als jugendliche Erde, die Mensch, Vieh und Pflanzen Fruchtbarkeit schenkt und mit dem Himmelsgott Hochzeit hält. Die Hexen feiern in den linden Mainächten ihr Hexenfest, welches später den Namen Walpurgisnacht erhielt und auf den 30. April festgesetzt wurde. Ursprünglich war es aber das Vollmondfest im Mai. Es wurde 12 Nächte lang gefeiert; in diesen Nächten tanzten die Hexen den Schnee weg, um das Land fruchtbar zu machen. In Mysterienspielen wurde die heilige Hochzeit des Gottes und der Göttin nachgespielt, was allerdings der Kirche später ein Dorn im Auge war. Für die Kirche waren diese Zeremonien nicht weiter als teuflische Zusammenkünfte, auf denen die Hexen mit dem Teufel buhlten. Man erklärte die alten Götter zu Dämonen. Das Maifest ist jedoch der alte Sommerbeginn. Die Natur erwacht zu neuem Leben, die Sonne gewinnt an Kraft, die Bäume hüllen sich in grünes Laub, die Blumen erblühen und die Vögel singen voller Freude über den beginnenden Sommer. Es ist eine üppige, fruchtbare und glückliche Zeit, die von den Menschen und Naturgeistern ausgiebig gefeiert wird. Die alten Heiden versammelten sich auf heiligen Plätzen, um dort den Göttern zu huldigen und für die Rückkehr des Sommers und somit des Lebens zu danken. Viele der Bräuche haben sich noch bis heute erhalten, wie beispielsweise das Entzünden der Maifeuer, das Maibaumaufstellen, das Pfingstfest, das Schmücken der Brunnen und dergleichen.

Die Hexen beginnen mit ihren Tänzen, um das Wachstum der Pflanzen anzuregen und um sich selber mit Erdkraft neu aufzuladen. Sie tanzen „den Schnee weg", so heißt es im Volksglauben. Nach einer Sage aus Swinemünde versammeln sich die Hexen um ein goldenes Horn, dem „Maitagshorn", was auf einen alten Kultnamen dieses Festes deutet. Das Fest selber dauerte neun oder zwölf Nächte (die Überlieferungen dazu sind unterschiedlich) und hatte seinen Höhepunkt in der Vollmondnacht. Die Menschen liebten sich auf den Feldern, um die Fruchtbarkeit derselbigen anzuregen. Diese heidnischen Kulte waren der christlichen Kirche ein Dorn im Auge. Für sie waren diese Kulte teuflische Orgien; für die alten Heiden jedoch Ausdruck der Lebensfreude und Fruchtbarkeit. Der Sprung über das Maifeuer oder das Laufen zwischen zwei Feuern diente der Reinigung von den noch am Menschen haftenden schädigenden und krankmachenden Kräften. Regen in dieser Nacht gilt als äußerst günstig, da er den Samen des Himmels symbolisiert, der die Erdgöttin befruchtet und so neues Leben entstehen läßt:

>*Ist die Hexennacht voll Regen,*
wird's ein Jahr mit reichlich Segen.<

Ein altes Mysterienspiel ist das Erküren eines Maigrafen und einer Maigräfin, welche Himmelsgott und Erdgöttin darstellen und in dieser Zeit Hochzeit halten. Auch dieses dient der Huldigung der Götter und der Anregung des Wachstums und der Fruchtbarkeit in der gesamten Natur. Wie der Regen ist auch der Tau in der Mainacht von besonderer Kraft. Hexen sammeln ihn in weißen Tüchern für ihre zauberischen Zwecke. Das Bad im Mai war lange Zeit ein beliebter Brauch, um sich von den dunklen Kräften des Winters zu reinigen und die nächsten 12 Monate gesund zu bleiben. Die Hexen kannten die heilenden und stärkenden, aber auch die berauschenden und stimulierenden Kräfte der Kräuter, die man dem Bade zusetzen konnte.

Maibaum von Ludwig Pietsch, 1860.

Nach altem Volksglauben feiern die Hexen ihr großes Fest auf dem Blocksberge. Dieser Name erscheint schriftlich das erste Mal 1485 in einem Lübecker Gesangbuch als „Blokkesberghe". Der bekannteste Blocksberg ist der Brocken im Harz, ein alter heidnischer Kultberg. Die älteste Namensform dieses Berges lautet „Broke" und findet sich 1176 in der *Sächsischen Weltchronik*. Bredow schreibt 1817 in *Umständlichere Erzählung der merkwürdigen Begebenheiten aus der allgemeinen Weltgeschichte*, daß auf dem Brocken einst ein Wodansbild gestanden haben soll und man der Gottheit auf den Felsblöcken des Brockens Opfer darbrachte. Im *Münchner Nachtsegen* aus dem 14. Jahrhundert ist noch nicht von Hexen, sondern von den „Guten" die Rede, welche zum „Brochelsberge" gerannt seien. Diese „Guten" wurden schmeichlerisch umschrieben, da man ihren echten Namen vermeiden wollte, um ihre Aufmerksamkeit nicht zu erregen. Hier ein Auszug aus dem Nachtsegen:

> *>Daz saltir deus virtutum*
> *daz hohiste numen divinum*
> *daz heilige sancte spiritus*
> *daz saltir sanctus dominus*
> *daz müze mich noch hint bewarn*
> *vor den bösen nachtvarn*
> *unde müze mich becrizen*
> *vor den swarzen unde wizen*
> *di di guten sin genant*
> *unde zu dem brochelsberge sin gerant,*
> *vor den pilewizzen,*
> *vor den monezzen,*
> *vor den wegeschriten,*
> *vor den zunriten,*
> *vor den clingenden golden,*
> *vor allen uneholden.<*

Übrigens gibt es auch noch andere Berge mit der Bezeichnung „Blocksberg", vor allem im niederdeutschen Raum. In meiner Gegend hieß z. B. der Kienberg nahe des Hagelberges (höchster Berg im Hohen Fläming) noch vor 100 Jahren Blocksberg. Die Blocksberge sind alles alte heidnische Opferberge. Ob sich der Name von dem Wort Block im Sinne von „Opferblock" ableitet, oder ob es sich vielleicht auch um eine Abschleifung des alten „Blotzberges" (Blotz oder Blot bedeutet „Opfer") handelt, kann noch nicht endgültig geklärt werden. Manche deuten auch „Block" als Synonym für „Hexe", denn „Block" und Hackeblock" tauchen als Hexennamen auf.

Eine besondere Rolle auf den Hexenfesten spielt nach dem Volksglauben der Ziegenbock. Es heißt, daß die Hexen in der Walpurgisnacht u. a. auf Böcken zum Blocksberg flögen. Der Herr des „Hexensabbaths" soll ein großer schwarzer Ziegenbock gewesen sein, ein verwandelter Teufel. Der Ziegenbock ist ein heiliges Tier des heidnischen Gewitter- und Fruchtbarkeitsgottes Donar. Der Gott fährt einen Wagen, der von zwei schwarzen Ziegenböcken gezogen wird. Diese Böcke sind ein Sinnbild der dunklen Gewitterwolken. Man hielt früher eine schwarzen Ziegenbock im Stall, um schädliche Kräfte abzuwehren. Der Gott Donar gilt als Beschützer der Erde und Bezwinger der lebensfeindlichen Mächte. Durch den kirchlichen Einfluß wurde der Gott später als Dämon angesehen, ja sogar mit dem Teufel gleichgesetzt. Bei den alten Preußen gab es den Brauch des Bockheiligens. Zum Schluß wurde dieser heidnische Brauch nur noch heimlich ausgeführt, um der Verfolgung durch die Kirche zu entgehen. Dieses Bockheiligen erinnert sehr an die Beschreibungen des Hexenfestes zur Walpurgisnacht, nur daß man sich jetzt den Priester als Teufel in Bocksgestalt vorstellte. Auch beim Bockheiligen wurde die ganze Nacht hindurch gegessen und getrunken.

Ziegenritt der Hexe, von Albrecht Dürer.

Die Walpurgisnacht geht also auf das alte heidnische Maifest zurück und wurde aufgrund seiner ausgelassenen Fruchtbarkeitsriten von der Kirche als besonders teuflisch betrachtet. Hinzu kommt das Wissen um das Wiedererwachen der Naturgeister, vor denen sich die christianisierte Bevölkerung fürchtete. Hatte doch die Kirche solche Wesen zu Dämonen erklärt, die es zu bekämpfen galt. Die Begriffe „Hexe" und „Geist" waren oftmals nicht scharf getrennt voneinander, so daß sich viele Abwehrbräuche eher auf das Bannen von Geistern als auf das von Frauen bezogen. Wobei die Hexen auch ihren eigenen Geistkörper aussenden konnten, um so vielleicht Schaden zu stiften. Diese Vorstellung gab es bereits im germanischen Heidentume. Ein Runenzauber, der in der *Älteren Edda* erwähnt wird, bezieht sich auf das Bannen von Zaunreiterinnen, die als schädigende Geister durch die Lüfte lenken:

>*Ein zehntes kann ich, wenn Zaunreiterinnen*
durch die Lüfte lenken,
so wirke ich, daß verwirrt sie fahren,
in heimischer Gestalt,
in heimischem Gedenken.<

Hier sollen die ausfahrenden Geistkörper der Hexen verwirrt und dazu gebracht werden, wieder in ihren Körper zurückzufahren. Hexen und Geister – eine alte Verbindung, welche in solchen Vorstellungen zum Ausdruck kommt. Und wer vermag schon genau zu sagen, ob die in der Walpurgisnacht erblickten Gestalten in die Welt der Menschen oder zum Reich der Geister gehören ...

Zur Mittsommerzeit um den 21. Juni erscheint Frau Holle als Muttergöttin. Man ißt ihr zu Ehren Hollerküchlein, das sind in Teig gebackene Holunderblüten. Der Holunder ist neben dem Wacholder der heilige Strauch der Göttin. Diese beiden Sträucher sind so heilig, daß man einst vor ihnen den Hut zog bzw. das Knie beugte. Der Genuß der Hollerküchlein bringt Gesundheit, ebenso wie der aus den Blüten gebrühte Holundertee, auch als Fliedertee bekannt. Flieder ist ein alter Name des Holunders, nicht zu verwechseln mit dem aus Asien stammenden violettblühenden Flieder. Die heiligen Sträucher der Holda dürfen nicht gefällt werden, denn unter ihnen wohnen die Hollen, Hausgeister oder Unterirdischen, die Geister aus Holdas Gefolge, wie auch die Hullefrau selbst. Die hausnahen Sträucher beschützen die Bewohner, und man bringt ihnen Opfergaben wie Bier, Milch, Brot, Käse, Flachs und Bienenwachs. Ist ein Kind krank, weil die Hollen zornig sind, so geht man zum Holunder oder Wacholder, legt die erwähnten Gaben als Sühneopfer nieder und spricht:

>*Ihr Hollen und Hollinnen,*
hier bring ich euch etwas zum Spinnen
und etwas zum Essen.
Ihr sollt spinnen und essen
und meines Kindes vergessen.<

In einem Hexenprozeß aus dem Jahre 1583 erzählt eine Frau aus Breskow in Brandenburg, daß sie neun Tage lang einen neuen Napf mit Bier und Brot in einen Fliederstrauch (Holunder) hinter der Schinderei gesetzt und dabei gesagt habe:

>*Guten Morgen Fliederstrauch, du viel Gute,*
ich bringe dir Bier und Brot,
du sollst mir helfen aus aller Not;
und so du mir helfen wirst,
so werde ich morgen wieder bei dir sein.<

In einem anderen Hexenprozeß berichtet die Heilerin Moller, daß die guten Hollen unter dem Holunder ihre Wohnung hätten und auch an den Orten, wo die Hühner gerne badeten. Auch sagt sie, die Hollen seien grau, schwarz oder weiß, ein Daumenglied groß, könnten nicht reden und hätten ihre Speise vom Herzen. Diese Hollen können den Menschen krank machen, wenn sie sich seiner bemächtigen; sie müssen dann fortgebannt werden. Dem Holunder können aber auch Krankheiten angehängt werden, denn man geht davon aus, daß Menschen und Bäume/Sträucher ähnliche Wesen sind; schließlich wurden nach germanischem Schöpfungsmythus die ersten Menschen, Ask und Embla, aus Bäumen geschaffen. Der Baum ist jedoch stärker als der Mensch und kann daher Krankheiten besser verarbeiten. So bindet man bei Fieber dem Holunder, der an einer Grenze steht, vor Sonnenaufgang bei abnehmendem Mond einen Faden um und spricht:

>*Guten Morgen, Herr Flieder,*
ich bring dir mein Fieber.
Ich bind es dir an
und geh davon.<

Von ihrem heiligen Holderstrauch aber nun wieder zurück zu Holda selbst. Sie ist auch Herrin über bestimmte Wettererscheinungen. Wie bereits erwähnt, läßt sie es im Winter schneien, indem sie ihr mit Gänsefedern gefülltes Bettzeug schüttelt und die Federn zu Schneeflocken werden. Als Wolkengöttin treibt sie die Wolkenkühe voran, welche ihre fruchtbare Himmelsmilch, den Regen, der Erde spenden. In der Mark Brandenburg fliegt Holda als Frau Harke im Wind dahin, so wie sie in der Uckermark als Hexe Frick mit ihren Hunden umherzieht. Ihre schwarzen Hunde sind ein Sinnbild der dunklen Sturmwolken; ihr Jaulen ist im Winde zu hören. Schon in heidnischer Zeit glaubte man, daß Hexen auf Wölfen oder Hunden ritten; dieser Glaube hielt sich noch lange bis in unsere Zeit hinein.

In einer nordischen Saga heißt es von einer Trollfrau:

>*Fann tröllkono, su reidh vargi ok hafdhi orma i taumon.*<

Hier wird gesagt, daß die Trollfrau einen Wolf ritt und Schlangen als Zügel hielt. Trollfrau und Hexe waren Begriffe, die oft miteinander verschmolzen. Die nordische Zaubergöttin Freyja reitet nachts auf einem Eber in Begleitung ihrer auf einem Wolfe reitenden Freundin und Riesenfrau Hyndla. In einem schwedischen Volksliede reitet eine Hexe auf einem Bären, dem sie als Sattel einen Wolf aufgelegt hat. Laut der *Edda* kommt die Riesin Hyrrockin, welche der Bestattung des Gottes Baldr beiwohnt, auf einem Wolf, der mit Schlangen gezäumt ist, dahergeritten.

Über die Frau Harke ist so einiges aus dem Havellande überliefert. Ein alter Spruch, den man in der Weihnachtszeit aufsagt, wenn man Strohseile um die Obstbäume als Opfer an die Frau Harke bindet, lautet:

>*Frau Harke im Wind,*
nimm dein Gebind
und sei gnädig mit Haus und Kind.<

Ein schönes Gedicht über Frau Harke hat Heinz-Bruno Krieger 1973 verfaßt:

>*Frau Harke geht durch's Ährenfeld,*
die alte Roggenmuhme.
Ihre Hände sie schützend hält,
über Korn und Blume.
Frau Harke summt ein altes Lied,
die Ähren sich neigen.

In den Lüften eine Wolke zieht,
sonst Stille und Schweigen.
Frau Harke geht durch Zeit und Raum,
über gesegnetes Land.
Ähren wiegen sich im Traum,
ahnend des Schnitters Hand.<

Diese Zauberin von Hans Weiditz aus dem Jahre 1532 erinnert an die Göttin Holle als göttliche Spinnfrau, die mit Natur und Kosmos verbunden ist.

Frau Harke oder Holda gebietet zusammen mit ihrem Gemahl Wodan über die Sturm- und Windgeister. Es gibt die Vorstellung, daß auch Hexen im Sturmwind fahren, Wind, Hagel und Gewitter verursachen. Hier haben sich verschiedene Vorstellungen miteinander vermischt: Zum einen finden wir die Vorstellung von der Seele im Wind, die selber wie ein Windhauch dahintreibt. Die zweite Vorstellung ist die der sturmerzeugenden Geister, welche als Winddämonen bekannt sind. Und drittens kennt man die Hexe als Wetterzauberin, die in ihrem Hexenkessel ein Unwetter zusammenbraut.

Hexen wirken nicht bloß Zauber, sondern sie übertragen ihre besonderen Kräfte auf ihre Umgebung, dazu gehört auch die Natur. Wie ich bereits erwähnte, tanzen die Hexen in den 9 oder 12 Walpurgisnächten den Schnee weg, um den Sommer herbeizurufen. Sie peitschen mit Gerten rücklings ins Wasser, werfen Steine und Frauenhaare in einen Bach oder gebrauchen das Bilsenkraut, um den fruchtbaren Regen herbeizurufen oder erzeugen durch das Sieden bestimmter Zutaten Nebel, Hagel oder Gewitter. Als im 16. Jh. die Schweden gegen die Dänen kämpften, stellte der schwedische König vier Zauberinnen in seine Dienste, die sich aufs Wettermachen verstanden. Als Windgeister im Gefolge Wodans nannte man in der Schweiz die Hexen auch „Wuotissen", Wotans Disen. Das Wort „Dise" oder auch „Idise" bezeichnet ein weibliches Wesen, welches sowohl eine Gottheit, ein Geist oder eine Menschenfrau sein kann. Die „Idisi" erscheinen im Merseburger Zauberspruch als helfende weibliche Geistwesen, welche in das Glück bei einer Schlacht eingreifen konnten. Es gibt heilende Disen, kämpfende Disen und schadende Disen, die sogenannten „Trugdisen". In Deutschland finden wir noch einige Berge, auf denen die Disen kultisch verehrt wurden. Im heidnischen Norden feierte man das „Disathing" oder „Disablót" (Disenopfer) zu Ehren der Disen: >*Wenn Dreizehntags Neu- zu Vollmond geht, dann Disathing in Uppsala steht*<, heißt eine alte Regel, die das Disathing als Vollmondfest überliefert, welches zumeist in den Februar fiel und im heutigen Fasnachtsfeste weiterlebt. Da die Dise nicht nur einen weiblichen Geist meint, sondern auch eine allgemeine Bezeichnung weiblicher Wesen ist, gilt das Fasnachtsfest als ausgesprochenes Frauenfest; ja, der ganze Monat Februar wird in deutschen Volksmund als „Weibermonat" oder „Weibermond" bezeichnet. Es heißt, im Februar regiere das Weib und habe besondere Vorrechte; wir kennen heute noch die „Weiberfasnacht". Das Disenfest scheint in erster Linie ein Frauenfest gewesen zu sein. Ebenso weist der Name „Mariä Lichtmeß" Anfang Februar auf ein Frauenfest in dieser Zeit hin. Jedenfalls gilt Fasnacht im Volksglauben als Hexenzeit. Noch heute ziehen zu Fasnacht in vielen Gegenden als Hexen oder Perchten verkleidete Gestalten umher, vertreiben auf diese Weise die Dämonen des Winters und bringen dem Lande den Frühling und damit neue Fruchtbarkeit.

Man glaubte, daß die Hexen in Hasengestalt das Wetter, vor allem Nebel und Wind, machen würden, indem sie Brot oder Pfannkuchen buken oder Bier brauten. Man nannte die Hexen daher auch „Hasenfrauen". Der Hase ist ein Tier der Göttin Holda; er zieht in ihrem Geisterheer mit und trägt ihr das Licht voran. Bei den alten Kelten war der Hase so heilig, daß er die meiste Zeit über nicht gejagt werden durfte. Erst in christlicher Zeit wurde er verteufelt, da er ein Liebling der Hexen war und sich diese gerne mit dem Hasengeist verbanden. Der Engländer Walter de la Mare (1873–1956) schrieb folgendes Gedicht über einen Hexenhasen, welcher nachts den Mond anstarrte:

>*In the black furrow of a field*
I saw an old witch-hare this night;
And she cocked a lissome ear,
And she eyed the moon so bright,
And she nibbled of the green;
And I whispered "Wh-s-st! witch-hare,"
Away like a ghostie o'er the field
She fled, and left the moonlight there.<

Hier wird ein den Mond anschauender Hexenhase genannt. Der Hase ist ein altes Mondtier, dessen Bild sich in den Mondflecken widerspiegelt. Bei den Römern galt er als heiliges Tier der Venus und der Diana, die unserer Holda entspricht.

An Holdas Stelle trat später die Heilige Maria als Mutter Gottes und übernahm vieles von Holdas Attributen und Eigenschaften. Der dunkelblaue Mantel, den die Gottesmutter trägt, ist von Holda übernommen; er symbolisiert die Nacht und den Sternenhimmel. Auch die zauberkundigen Frauen des Nordens trugen solche dunkelblauen Mäntel. In zwei nordischen Sagas werden solche blaubemäntelten Zauberinnen erwähnt. Frauen mit blauen Mänteln oder Röcken wurden im 15. Jh. gelegentlich als Hexen verdächtigt, das belegen Prozeßakten aus dieser Zeit. Auch die schwarzen Schamanen der sibirischen Völker tragen blaue Kleidung und unterscheiden sich dadurch von den weißgekleideten weißen Schamanen. Nach dem Volksglauben besteht die Tracht der Hexen aus einem dunkelblauen Kleide oder einem blauen, rotgestreiften oder ganz roten Rocke mit rotem oder blauem Hemde und weißer oder schwarzer Jacke, einer blauen Schürze, roten oder verschiedenfarbigen Halbstrümpfen, von denen der ein rot, der andere blau (manchmal auch schwarz) ist, und einem roten Kopftuche. Anstelle des Kopftuchs werden auch ein hoher spitzer Schienhut und eine schwarze Nudelhaube erwähnt (kapuzenähnliche Haube ohne Spitze). Manche Hexen erscheinen auch barhäuptig und tragen die Haare zu Zöpfen geflochten. Dunkelblau ist also hier die typische Farbe, kombiniert mit Rot. Es gibt eine Schweizer Sage, die heißt *Die Hexe mit dem roten Rock*. Im Märchen vom Lindwurm begegnet die Schäfertochter im Walde einer alten weisen Frau, die einen roten Rock und eine blaue Weste trägt. In der Oldenburger Sage vom Schiffer von Wangerooge erscheinen zwei Hexen in einem roten Wollrock. Auch in einer Sage aus Wittmund wird der rote Rock einer Hexe erwähnt. Nach einer anderen Sage verwandelt sich eine Hexe mit einem roten Rock in einen Hasen. Diese drei letzten Sagen finden sich bei Ludwig Strackerjahn, *Aberglaube und Sagen aus dem Herzogtum Oldenburg*. Der rote Rock ist ein typischer Bestandteil der Hexentracht. Nach dem Tiroler Volksglauben tragen Hexen rote Strümpfe und blaue Schürzen, so schreibt Zingerle in *Sitten, Bräuche und Meinungen des Tiroler Volkes.* Die rot-blauen Kleidungsstücke schützen vor schädlichen Geistern und wehren den Bösen Blick ab. Als Schuhwerk der Hexen kommen Pantoffeln oder Stiefel vor; ansonsten sind sie barfuß, um Kontakt zum Erdboden, von dem sie ja einen Teil ihrer Kraft erhalten, zu haben. Nach Erzählungen aus der Oberpfalz tragen die Hexen das dunkle Haar bloß, in zwei Zöpfe geflochten, mit Strohbändern dazwischen; das Kleid ist dunkelblau, Strümpfe rot, in Pantoffeln, die Augen leuchtend, die Hände unterm Schurze verborgen. Eine Sage aus Vorarlberg berichtet von einer Wetterhexe in roten Strümpfen. Auch in der Schweiz glaubt man, daß Hexen in roten Strümpfen dahergingen. Nach anderer Überlieferung tragen Hexen gerne grüne Kleider, und grün ist die Farbe des Waldes, der Natur und des vegetativen Lebens überhaupt. Mit grünen Kleidern ist man im Wald gut getarnt und fällt weder den Menschen, noch den anderen Waldbewohnern besonders auf. Viele Waldgeister sind grüngekleidet oder in Laub und Moos gehüllt. Eine Besonderheit ist der Gürtel, der etwa drei Finger breit und aus rotem Garn gewebt ist. In ihn sind die zwölf Himmelszeichen eingearbeitet. An diesem Gürtel hängen der Zauberbeutel, oft von roter Farbe, mit den magischen Utensilien, und das Messer. Manche diese Gürtel bestehen aus dem Leder des eigenen Krafttieres und dienen der Tierverwandlung. Außerdem tragen die Hexen einen besonderen Zauberstab bei sich, der entweder körperlang ist und beispielsweise als Reitstab für Geistreisen verwendet werden kann oder der in kürzerer Form zum Aufspüren von Wasser- oder Erzadern gebraucht wird. Aber es können natürlich noch vielerlei andere Zauber damit ausgeübt werden.

Holdas Attribut ist die Spindel. Nach einer deutschen Sage wurde einst eine Spinnerin zur Strafe in den Mond versetzt und ist seitdem dort zu sehen. Die Spinnfrau im Monde ist aber niemand anderes als die Göttin Holda, die man zur Herbstzeit, wenn auch die Zeit der Spinnstuben beginnt, im Monde erblicken kann. Im Altweibersommer fallen ihre feinen Fäden zur Erde und fliegen als Spinnweben durch die Luft. In früheren Zeiten trafen sich die Frauen in den Spinnstuben, um u. a. magisches Wissen auszutauschen. Das Sternbild Orion heißt im Norden „Friggs Rocken". Der Spinnrocken ist ein Sinnbild der Himmelsachse, um die sich das Weltall dreht. Das Spinnen gilt seit Urzeiten als heilige Tätigkeit der Frauen, der Weiber. Das Wort „Weib" leitet sich von „weben" ab und bedeutet daher „die Webende". Die Schicksalsweberinnen, die Nornen, erscheinen immer weiblich. Sie spinnen und weben dem Menschen sein Schicksalsgewebe. So wie das Weib schicksalsschaffend erscheint, so gilt es auch gleichermaßen als schicksalskundig und –verkündend. Die alten Germanen glaubten, daß den Frauen etwas Heiliges und Prophetisches innewohne. Aus dem Murmeln der Bäche, dem Aufsteigen des Rauches und den Eingeweiden der Geopferten konnten heilige Frauen, Seherinnen und Priesterinnen, den Menschen das Schicksal vorhersagen, aber auch Ernteertrag und Kriegsausgang prophezeien. Es gab berühmte germanische Seherinnen wie Veleda, Albruna, Ganna, Waluburg oder die nordische Thorbjörg, welche als heilige Frauen galten.

Mit der Missionierung durch die Kirche und der damit verbundenen Herabwürdigung der Frau als Sünderin gerieten die seherischen und zauberkundigen Frauen in Verruf und wurden schließlich als Hexen verfolgt. Doch in den Spinnstuben wurde noch weiterhin magisches Wissen ausgetauscht. Es gab z. B. die *Chemnitzer Rockenphilosophie* oder *Alter Weiber Philosophie*, Sammlungen voller abergläubischer Gebräuche und magischer Vorschriften. So konnte dieses Wissen überleben. Erst in unserer Zeit geht es leider immer mehr und mehr verloren. In der *Chemnitzer Rockenphilosophie* heißt es unter anderem: „In den Zwölften soll man die Obstbäume keinen Spinnrocken sehen lassen, sonst gibt es kein Obst." Die 12 heiligen Weihnachtsabende durften nämlich nicht durch das Spinnen entweiht werden. Man glaubte, daß in dieser Zeit die Welt stille stehe, und deshalb durfte sich auch kein Rad, keine Spindel drehen. Sonst zürnt Frau Holda den Menschen. In den Spinnstuben wurde dieses Spinnverbot zur Weihnachtszeit strengstens beachtet. Die Spinnzeit begann nach der Ernte im Herbst, wenn die Abende wieder früher begannen, weil das Licht der Sonne abnahm, und endeten im Spätwinter/Frühjahr.

Die Spindel der Frau Holle zeigt die Macht der Göttin über unser und der Welt Schicksal, über Leben und Tod. Die sich ewig drehende Spindel ist ein Sinnbild der Zeit. Als Totenherrin herrscht Frau Holle über die Geister der Unterwelt. Hier gleicht sie der indischen Kali und der griechischen Hekate, beides Göttinnen, die von den Hexen in den entsprechenden Ländern sehr verehrt wurden und werden.

Hekate herrscht über Himmel und Unterwelt und ist eine Erscheinungsform der Mondgöttin Artemis/Diana. „Hekate" bedeutet „die weithin Schießende", denn Artemis trägt Pfeil und Bogen. Nach altgriechischer Überlieferung tötet Artemis mit ihrem Pfeil die Frauen, während ihr Bruder Apollon, auch „Hekatos" genannt, mit seinem Pfeil die Männer erschießt.

Bei Theokrit erscheint Hekate als mächtige Zaubergöttin:

>*Mond, schein hell; leise will ich für dich singen,Göttin,*
und für Hekate in der Unterwelt.
Die Hunde zittern vor ihr,
wenn sie über die Gräber der Toten und das dunkle Blut kommt.
Sei mir gegrüßt, Hekate, Grimmige,

und bleib bei mir bis zum Ende.
Mach diese Zaubermittel so wirksam
wie der der Kirke, der Medea und der blonden Perimede.<

Die Göttin Frigg am Spinnrocken. Zeichnung von Ludwig Pietsch.

Von der berühmten Hexe Medea gibt es ein Gebet an Hekate, zu finden bei Orvid:

>*Nacht, Vertrauteste du der heimlichen Dinge;*
ihr Sterne, die ihr der tragenden Glut nachfolgt
mit der goldenen Luna:

du, Hekate mit dreifachem Kopf,
du weißt, was jetzt anhebt:
komm doch und hilf mir
mit murmelndem Spruch und kunstvollem Zauber.
Und du, Erde, du gibst den Hexen die mächtigen Kräuter.
Lüftchen und Winde und Berge,
ihr Flüsse all und ihr Teiche,
Göttin der Haine, herbei!
O helft mir, ihr Götter der Nächte!<

Holda, Perchta, Diana, Hekate sind alles Namen der fahrenden Hexengöttin. Auch wenn heute viele Leute nicht mehr an Gottheiten wie Holda glauben – sie sind immer noch da und verbinden sich mit den Menschen auf geheimnisvolle Weise. Denn tief in unserem Unterbewußtsein erahnen wir noch ihre Existenz und ihr Wirken. Wir können es oft nur nicht beschreiben, was da mit uns passiert. Wie ich eingangs schon schrieb, wissen einige Frauen nicht, daß sie Hexenkräfte besitzen oder wie sie diese Kräfte nutzen können. Oft fehlt ihnen auch einfach das Wissen um die Götter und Geister, weil diese Frauen mit einem materialistischen und atheistischen Weltbild aufgewachsen sind, oder weil ihnen ihr christlicher Glaube es verbietet, sich näher damit zu befassen. Doch ist eine geistige Offenheit gegenüber den höheren Wesen äußerst von Vorteil. In der Regel spüren diese Frauen aber durchaus, daß es so etwas wie eine geistige Welt gibt, auch wenn sie es nicht immer beschreiben können. Sie sehen, daß manche Dinge in ihrer Umgebung, die nicht wissenschaftlich erklärbar sind, einfach passieren. Je mehr sie sich diesen Dingen gegenüber öffnen, desto deutlicher werden die Geister zu ihnen sprechen.

Kapitel 3

Heilende Hexensprüche

Die Hexe sollte lernen, ihre Kräfte zu lenken und sinnvoll anzuwenden. Wenn sie einen Zauber ausübt, so bedarf sie dabei in vielen Fällen eines Spruches und einer dazugehörigen magischen Handlung. Spruch und Handlung gehören in der Regel zusammen und ergänzen einander. Es gibt im deutschsprachigen Raume einen großen Schatz an überlieferten alten Zaubersprüchen, von denen ich einen Teil hier weitergeben möchte, damit sie nicht in Vergessenheit geraten.

Gegen Augenentzündung bestreicht man mit einem Ofenwisch kreuzweise die Augen und spricht:

> *>Die Escherschwinge plagt di,*
> *der Ofenwisch verjagt sie.<*

Gegen böse Augen geht man vor Sonnenaufgang zu einem fließenden Wasser, wo Sand ist, tritt dem Wasser entgegen und spricht, während man sich die Augen auswäscht:

> *>Da tret' ich her auf diesen Sand,*
> *nehme meine bösen Augen mit ins Niederland.*
> *Dieses zähl' ich mir zu gute.<*

Zur Stärkung der Sehkraft blickt man durch einen Kranz von

Kornblumen oder von Rittersporn an das Mittsommerfeuer und spricht:

>*Mittsommerfeuer, guck, guck!*
Stärk mir meine Augen,
stärk mir meine Augenlider,
daß ich dich aufs Jahr seh wieder!<

Gegen Blutungen nimmt man einen Stein, merkt sich genau die Stelle, wo er lag und spricht dreimal:

>*Jetzt nehm' ich den Stein*
und lege ihn dir auf dein Bein
und drücke ihn auf das Blut,
daß es sofort stehen tut.<

Dann muß man den Stein genau an seine ursprüngliche Stelle zurücklegen.

Gegen Nasenbluten riecht man an der Wurzel einer blauen Kornblume und spricht:

>*Drei Brunnen stehn im Paradies,*
ihr Wasser ist wie Honig süß;
der eine fließt,
der andre gießt,
ein Blümlein aus dem dritten sprießt -
steh' still -
wenn ich will!<

Leidet man an Wundbrand, so bestreicht man die kranke Stelle mit einem Feuerstahl und spricht dabei:

>*Unsere liebe Frau*
mit ihrer heiligen Hand
ging durch das ganze Land,
nimmt ab alle feurige Brand.<

Oder:

>*Ich saß unter einem großen Baum*
und sah nach dem weiten Himmelsraum,
da kam Unsere liebe Frau
mit dem alten Mann,
der das Geschoß
und den kalten Brand besprechen kann:
Du sollst verschwinden
wie der Tote im Grabe,
wie der Tau im Grase!<

Gegen Brüche geht man hinaus ins Freie, blickt dann den Neumond (die erste schmale Sichel, die sich zeigt) an und spricht zu ihm:

>*Sei willkommen,*
du neuer Mond!
N.N., wie steht dir dein Brüchlein?
Steht's dir wohl an,
laß immer stahn,
steht's dir nicht an,
laß wieder vergahn.<

Gegen den Brustkatarrh (einer Bronchialerkrankung) tritt man mit dem Kranken unter den Schornstein, hält die Person hoch und sagt:

>Gebrech und Gebruch,

flieg' mit dem Rauch in den Zug!<

Leidet man an geschwollenen Drüsen, so singt man über die geschwollene Drüse am Morgen, wenn die Tage schwinden (d.h. wenn sie kürzer werden), und abends, wenn die Nächte schwinden; und hält sie zwischen dem heilenden Finger (dem Ringfinger) und dem Daumen:

> *>Neun Drüsen Schwestern,*
> *acht Drüsen Schwestern,*
> *sieben Drüsen Schwestern,*
> *sechs Drüsen Schwestern,*
> *fünf Drüsen Schwestern,*
> *vier Drüsen Schwestern,*
> *drei Drüsen Schwestern,*
> *zwei Drüsen Schwestern,*
> *eine Drüsen Schwester,*
> *neun Zahl der Drüsen,*
> *acht Zahl der Drüsen,*
> *sieben Zahl der Drüsen,*
> *sechs Zahl der Drüsen,*
> *fünf Zahl der Drüsen,*
> *vier Zahl der Drüsen,*
> *drei Zahl der Drüsen,*
> *zwei Zahl der Drüsen,*
> *eine Zahl Drüse,*
> *Null Zahl Drüse.<*

Gegen Entzündungen und Brandwunden bespricht man bei abnehmendem Mond vor Sonnenaufgang oder nach Sonnenuntergang dreimal hintereinander. Man nimmt eine tote Holzkohle oder einen

Feuerstahl und streicht damit hin und her auf der entzündeten Stelle, wobei man den Segen spricht und jedesmal danach dreimal ausspuckt:

>*Es gingen drei heilige Frauen waschen;*
die eine klopft,
die andre schält,
die dritte löscht das Feuer aus.<

Oder:

>*Früh Morgens im Taue*
gingen drei schöne Jungfrauen;
die eine ging durch's grüne Gras,
die andre sucht das Lilienblatt,
die dritte nahm das Feuer.<

Oder:

>*Ich rate dir vor neunerlei Wundenfeuer:*
Es soll nicht reißen, nicht spleißen,
nicht stechen, nicht brechen,
nicht källen und nicht schwellen.<

Zahlreich sind auch die überlieferten Zaubersprüche gegen alle Arten von Fieber. So spricht man beispielsweise beim Aufwachen zur Sonne:

>*Ich richte mich gegen die Sonne auf,*
ach Sonne, tu mir die Fieber auf,
die heiße wie die kalte,
daß ich sie nimmermehr über Nacht behalte.<

Oder man ruft in den Schornstein:

>*Fieber, bleib aus,*
ich bin nicht zu Haus!<

Oder man ißt ein Butterbrot, auf das die obigen Worte mit dem Finger geschrieben sind.

Gegen Fieber geht man vor Sonnenaufgang an ein fließendes Wasser, ohne sich umzuschauen, nimmt dreimal den Mund voll Wasser, speit dieses in den Fluß und spricht:

>*Frösche ohne Lunge,*
Störche ohne Zunge,
Fische ohne Galle,
nehmet meine 77erlei Fieber alle!<

Ein weiterer Zauber gegen Fieber:
Zwischen 11 und 12 Uhr (Tag oder Nacht) nimmt man einen Eßlöffel Salz in die linke Hand, geht an ein fließendes Wasser, streut mit der rechten Hand das Salz in das Wasser, indem man das Gesicht nach der Mündung des Flusses hin kehrt und spricht:

>*Ich streue diesen Samen*
in Gottes Namen,
so dieser Same wird aufgehn,
will ich meine Fieber wiedersehn.<

Oder der Kranke geht über neun Grenzen und nimmt eine Kupfermünze und ein Stück Brot, in ein Läppchen gewickelt, mit; auf der neunten Grenze legt er es unter einen Stein, während er dabei spricht:

>*Grenze, Grenze,*
ich klag' dir,
Kaltes und Heißes plagt mir;
der erste Vogel,
der fliegt hier rüber,
der nehm' es unter sein Gefieder!<

Ebenfalls gegen Fieber wickelt man einen blauen Wollfaden neunmal um eine Zehe des linken Fußes und trägt diesen so neun Tage
lang, geht dann vor Sonnenaufgang stillschweigend an einen Holunder, bindet ihm den Faden um und spricht dabei:

>*Guten Morgen, Herr Flieder,*
hier bring' ich mein Fieber.
Ich bind' es dir an
und gehe davon.<

Oder man geht an eine Weide und bindet einen Knoten in die
Zweige, wobei man spricht:

>*Liebe Weid', ich klage dir,*
77 Fieber plagen mir.
Ich bind sie dir an
Und geh davon.<

Ein anderes: Der Kranke zieht morgens das Hemd aus und kehrt
es um, zuerst den linken Ärmel, wobei er spricht:

>*Kehr dich um, Hemd,*
und du, Fieber, wende dich!<

Das Ganze ist drei Tage nacheinander zu wiederholen.

Oder man spricht auf einem Kreuzwege:

> *>Guten Tag, Kreuzweg!*
> *Hier bring' ich dir meine Kälte und meine Wärme.*
> *Die Kälte laß ich bei dir,*
> *die Wärme behalt' ich bei mir.<*

Dies sei nun genug zum Thema Fieber.

Gegen die Flechte, eine Hautkrankheit, wendet man folgenden Zauber an: Man geht nackt zu einem fließenden Gewässer, streut schweigend Pottasche gegen den Wind ins Wasser und spricht dabei:

> *>Die Pottasch' und die Flechte,*
> *die flogen wohl über das weite Meer;*
> *die Pottasch', die kam wieder,*
> *die Flechte nimmermehr.<*

Oder man bestreicht die Stelle dreimal kreuzweise mit einem Weidenzweig und spricht:

> *>Die Wen und die Weid',*
> *die gingen beid' zu Streit;*
> *die Weid' gewann,*
> *die Wen verschwand.<*

Gegen Geschwulst überstreicht man die Stelle mit einem Feuerstahl und spricht:

> *>Unsere liebe Frau ging in den Rosengarten,*
> *ich ging mit ihr.*

Unsere liebe Frau fing da an zu raten:
Für Reißen, für Spleißen, für gelbe Geschwulst.
Unsere liebe Frau sprach: Du sollst nicht reißen,
du sollst nicht spleißen,
du sollst verschwinden wie eine glühende Feuerkohle.<

Gegen die Gicht sieht man bei abnehmendem Mond auf die kranke Stelle und spricht:

>*Gichtmann und Riebmann,*
wo willst du hingehen?
Ins Fleisch will ich gehen.
Nein, dahin (Krankheit nach Westen schleudern) *kannst du gehen;*
da kannst du reißen, krimmern, kratzen,
daß es ein Ende haben soll.<

Oder man geht dreimal vor Sonnenaufgang oder nach Sonnenuntergang zu einer Fichte, kniet vor ihr nieder, umkriecht sie dreimal in dieser Stellung und spricht bei jedem Herumkriechen:

>*Ich komme zu dir, Ficht',*
und klage dir meine 99erlei Gicht.
Ich klage sie nicht mir,
sondern dir.<

Gegen Hühneraugen umkreist man bei abnehmendem Monde mit dem rechten Zeigefinger das Hühnerauge und spricht dabei:

>*Es ist nicht*
und es wird nicht;
es ist Kat und vergaht.<

Gegen Hühneraugen und Warzen spricht man beim Totenläuten:

>*Was ich greife,*
das weiche,
und was ich greife,
das nehme ab
wie der Tote im Grab.<

Gegen schmerzende und knackende Gelenke spricht man dreimal vor Sonnenaufgang und nach Sonnenuntergang an jeweils drei Tagen, wobei man das erkrankte Glied zwischen eine offene Tür, hinten an den Bändern, steckt:

>*Türgängel, dir klage ich,*
der Knarrband, der plagt mich;
nimm du ihn von mir ab,
und trag ihn bis an den jüngsten Tag.<

Gegen Krämpfe der Gebärmutter faßt die Hexe die schmerzende Stelle und drückt diese fest zusammen, während sie neunmal spricht:

>*Frau Mutter, ich packe dich, ich drücke dich,*
geh du nur zur Ruhe in deine Kammer,
wo dich Unsere liebe Frau erschaffen hat!<

Die Frauenheilkunde gehört zu den wichtigen Kenntnissen einer Hexe. Während der Zeit der großen Hexenverfolgungen wurden viele Hebammen der Hexerei bezichtigt und hingerichtet. Man glaubte, daß sie die neugeborenen Kinder opfern oder zumindest den Dämonen, also in Wirklichkeit den alten Göttern, weihen würden. Im Skandinavischen heißt die Hebamme „Jördgumma", Erdmutter. Das heilige Tier der Erdmutter ist die Kröte; deshalb gilt es als Zeichen einer guten Geburt, wenn einer Hebamme auf dem Wege zur Entbindung eine Kröte begegnet. Die Kröte ist ein Sinnbild der Gebärmutter und gilt seit alter Zeit als ausgesprochenes Hexentier.

Gegen Kopfweh zerschneidet man 9 Zweige von einem Kirschbaum neunmal, fährt mit dem Messer kreuzweise durch eine Wasserschale und sagt:

>*N.N., ich rate dir für die kleinen Leute,*
für die roten, für die blauen,
für die schwarzen, für die grauen,
für die gelben, für die grünen, für die weißen.
Kleine Leute, geht von dem N.N. fort!<

Dann legt man die Kirschholzstäbchen kreuzweise in die Schale und sagt den Spruch noch zweimal, wobei man kreuzweise mit dem Messer durchs Wasser schneidet.

Gegen den Kropf kehrt man dreimal an drei folgenden Abenden das Gesicht gegen den zunehmenden Mond, legt die Hand an den Hals und spricht:

>*Was ich anschaue, soll wachsen;*
was ich befühle, soll vergehen!<

Darüber muß Stillschweigen bewahrt werden.

Gegen Kropf oder Überbeine nimmt man an drei Freitagen bei abnehmendem Monde schweigend einen Stein von der Dachtraufe, reibt damit auf der kranken Stelle und spricht:

> *Stein, ich hebe dich auf*
> *unter den Dachtreif,*
> *das vertreibt Kropf,*
> *Gewächs und Überbein.*<

Jedes Mal wird der Stein wieder zurückgelegt.

Gegen Lähmung legt man Birkenreiser tagelang in Salzwasser ein, peitscht dann den Kranken damit und spricht:

> *Wer drinnen ist,*
> *der komm heraus;*
> *drei gute Frauen rufen ihn,*
> *drei gute Frauen treiben ihn*
> *in den grünen, großen Wald.*<

Gegen die Mundfäule (Skorbut) stellt man sich, während die heilkundige Hexe den Spruch sagt, mit offenem Munde gegen den Wind:

> *Mundfäul', walfischgelber Zahn,*
> *ein kühler Wind, der weht dich an;*
> *du magst sein weiß oder rot,*
> *so mußt du sein in dreien Tagen tot!*<

Oder man stellt sich zwischen zwei oder drei Eichen, nimmt einen Zweig, fährt damit dreimal an den geschlossenen Zähnen hin und her und spricht:

> *Mundfäul', geh hin und wieder,*
> *geh aus allen meinen Gliedern*
> *und komme nie wieder!*<

Gegen Nervenfieber schreibt man auf einen Zettel:

>*Das Fieber und der Schuß*
senke sich in den Fluß!
Die Schmerzen und die Pein
sollen heraus und nicht herein!<

Dieser Zettel wird dem Kranken an einem ungebrauchten Zwirnfaden um den Hals gebunden. Er muß ihn neun Tage tragen; am zehnten wird er ihm abgenommen und vor Sonnenaufgang in ein fließendes Wasser geworfen.

Gegen Pusteln, Furunkel und Würmer spricht man neunmal:

>*Neun waren Nodthaes Schwestern.*
Da wurden die neun zu acht
und die acht zu sieben
und die sieben zu sechs
und die sechs zu fünf
und die fünf zu vier
und die vier zu drei
und die drei zu zwei
und die zwei zu eins
und die eins zu nichts.<

Gegen die Rose bestreicht man die Stelle unterwärts, bepustet dreimal kreuzweise und spricht:

>*Es gingen drei Jungfern auf grünen Wegen,*
die eine pflückt die Blumen ab,
die zweite pflückt die Lilien ab,
die dritte trieb das Hilge und die Rose ab.<

Gegen den Schlagfluß: Der vom Schlage Getroffene wird so hingelegt, daß sein Schatten nicht auf den Besprechenden fällt. Dieser nimmt einen struppigen Besen, bestreicht damit den Kranken dreimal und spricht dreimal:

>*Der Schlag und der Mord,*
die gingen beid' zusammen durch eine enge Pfort';
der Schlag und der Mord schlug nieder,
da kam Herr Donar und bracht' dich uns wieder.<

Hier habe ich einen christlichen Heiligen durch den Gott Donar ersetzt, da Donar der ursprüngliche Heilgott gegen Epilepsie (Schlagfluß) ist.

Gegen die Verrenkung macht man 9 Knoten in einen schwarzen Wollfaden, umwickelt damit das kranke Gelenk und flüstert dabei leise den alten germanischen Heilsegen:

>*Phol ende Uuodan vuorun zi holza.*
du uuart demo balderes volon sin vuoz birenkit.
thu biguolen Sinhtgunt, Sunna era suister,
thu biguolen Friia, Volla era suister,
thu biguolen Uuodan, so he uuola conda:
sose benrenki,
sose bluotrenki,
sose lidirenki:
ben zi bena, bluot zi bluoda,
lid zi geliden, sose gelimida sin.<

Gegen Warzen: Bei der Beerdigung eines alten Menschen greift man die Warze und wiederholt während des ganzen Läutens diesen Spruch:

>*Man läutet zu der Leiche,*
und was ich greif', das weiche,
und was ich greif', nimm ab,
wie der Tote im Grab.<

Oder Man geht bei zunehmendem Monde allein ins Freie, sieht den
Mond an, streicht ihm die Warzen zu und spricht:

>*Was ich abstreif',*
das verlier sich,
was ich anseh',
das vermier sich.<

Oder:

>*Was ich sehe,*
das gewinnt,
was ich streiche,
das verschwind.<

Leidet man an Zahnweh, dann sieht man den zunehmenden Mond
kurz nach Neumond an und spricht einen der folgenden Sprüche:

>*Mond, du spitzt dich,*
meine Zähne schwitzen mich;
tust du dich heut' oder morgen spitzen,
meine Zähne sollen nicht mehr schwitzen.<

>*Lieber Mond,*
ich sehe dich mit deinen zwei Spitzen,
hilf, daß meine Zähne weder reißen noch ritzen,
bis daß ich dich sehe mit drei Spitzen!<

>Ich grüße dich, du neues Licht
mit deinen zwei Zacken!
Meine Zähne sollen mich nicht zwacken
bis daß du wirst haben drei Zacken.<

>Ich seh' das liebe neue Licht
und rat' mir vor mein' Zähnegicht,
daß sie nicht reißen,
und nicht spleißen,
und nicht källen,
und nicht schwellen,
denn kamen die Vögelchen
und nehmen all mein' Zähnegicht.<

Dies soll nur eine kleine Auswahl an überlieferten heilenden Zaubern sein.

Auch das Bannen und Beschwören von Geistwesen gehört zu den Zauberpraktiken der Hexe. Zahlreich sind die Zaubersprüche zur Abwehr von Nachtmaren, welche das nächtliche Alpdrücken und böse Träume bescheren. Um einen solchen Alp oder Mar abzuwehren, spricht man vor dem Schlafengehen einen dieser Sprüche:

>Drudenkopf, ich verbiete dir Haus und Hof;
ich verbiete dir meinen Roß- und Kuhstall,
auch verbiete ich dir meine Bettstatt,
daß du nicht über mich trittst!
Tritt in ein ander Haus!
Bis du über alle Berge und Wasser steigest,
über alle Zaunstecken eilest,
über alle Wasser reitest -
so kommt der liebe Tag wieder in mein Haus!<

>Alp, Alp,
du bist geboren wie ein Kalb,
alle Wasser sollst du waten,
alle Bäume mußt du blaten,
alle Berge mußt du steigen,
alle Tempel mußt du meiden,
und ob du das wirst tun,
derweile werd' ich gut ruhn!<

>Nachtmahr, du böses Tier,
komme mir in der Nacht nicht hier!
Alle Wasser sollst du durchwaten,
alle Bäumchen sollst du abblaten,
alle Blümchen sollst du abpflücken,
alle Grübchen sollst du auslecken,
alle Sträucher sollst du durchkriechen,
alle Pfützchen sollst du aussaufen,
alle Hälmchen sollst du zählen;
komm mir in der Nacht nicht quälen!<

>Das Wallala alle Berge durchtrabe,
alle Wasser durchbade,
alle Blätter abblat,
unterdessen wird's Tag.<

Manchmal kommen krankmachende Geistwesen, Elben genannt, zu einem Menschen. Um diese zu bannen vergräbt man Wachs, Flachs, Käse und Brot für die Elben unter einem Wacholder oder Holunder und spricht:

>Da, Elben, da!
Wringet das Wachs,

spinnet den Flachs,

esset den Käse,

esset das Brot,

und laßt mich ohne Not!<

Wurde ein Mensch von jemandem verzaubert, so wird der Verzauberte mit einem Tischtuch bedeckt; dann nimmt man einen struppigen Besen, bestreicht mit demselben kreuzweise den Kranken und spricht:

>*N.N., wer hat dich verrufen?*
Klein oder Groß?
Jung oder Alt?
Sichtbar oder Unsichtbar?
Zwei schlimme Augen haben dich verrufen,
zwei gute Augen werden dich wieder rufen!<

Oder:

>*N.N., ich rate dir gegen das Verrufen.*
Hat dich ein böser oder ein guter Geist verrufen?
Zwei auf der Erd',
zwei unter der Erd'.
Hat dich ein Jung' oder ein Mädchen verrufen?
Zwei auf der Erd',
zwei unter der Erd'.
Hat dich ein Knecht oder eine Magd verrufen?
Zwei auf der Erd',
zwei unter der Erd'.
Hat dich ein Herr oder eine Frau verrufen?
Zwei auf der Erd',
zwei unter der Erd'.<

Um einen Dieb zu bannen umkreist man dreimal die Stelle des Gestohlenen und spricht dabei:

>*Ich hier nenne deinen Namen,*
kannst du über mein Gut gehen oder reiten,
außer dem Dach und unter dem Dach,
kannst du es nicht, so bleib stille stehen,
zähle vorher alle Regentropfen,
alle Sterne, die am Firmament stehen,
und alle Steine, die in der Erde liegen,
alles grüne Gras, so auf der Erde stehet,
alle Sandkörnlein, so im Meere liegen
und alle Brunnen, so unter der Erde liegen.
Kannst du es nicht zählen,
so sollst und mußt du stille stehen
wie ein Block
und dich umsehen wie ein Bock.<

Oder man stellt drei neue Teller auf den Herd, einen mit Brot,
einen anderen mit Salz und einen dritten mit Schmalz, legt Blechde-
ckel darüber und tut glühende Kohlen drauf; dann spricht man
neunmal leise:

>*Ich lege dir, Dieb,*
Brot, Salz und Schmalz auf die Glut,
von wegen deiner Sünd' und Übermut;
Ich leg' es dir auf Lung', Leber und Herz,
daß dich ankomme ein großer Schmerz,
daß dich ankomme solche Not,
als wäre es dir der bittre Tod,
bis du mir mein' Sach' wiederbringst,
daß tu ich dir N.N. zur Besserung.<

Das muß an drei Abenden hintereinander geschehen.

Alle die von mir erwähnten Zauber stammen aus alter Volksüberlieferung und wurden in den verschiedensten Regionen Deutschlands gesammelt.

In der Regel wird der Zauberspruch drei- oder neunmal gesprochen, meist geflüstert. Man kann in aufsagen oder auch singen; den gesungenen Zauberspruch nennt man auch „Galster". „Galsterweiber" ist daher eine alte Bezeichnung für Hexen.

Das alte Heidentum war nicht mit einem Schlage zuende, sondern verband sich auf eine ganz eigene Weise mit dem neuen christlichen Glauben. Die Götter wurden nun mehr in Gestalt der Heiligen verehrt und angerufen, die alten heidnischen Feste in ein christliches Mäntelchen gehüllt und die Zauberei im Geheimen ausgeübt. Das alte Zauberwissen blieb zum Teil noch erhalten und wurde heimlich von Generation zu Generation weitergereicht. Die Kirche verbot Zauberei und Wahrsagerei; die zauberkundigen Frauen galten als vom Teufel gelenkte Wesen. Die im Heidentume verehrten Götter und Geistwesen wurden nun als teuflische Wesen angesehen, deren Verehrung die Obrigkeit mit dem Tode bestrafte. Mit dem Ende des Mittelalters verschärften sich die Strafen gegen zaubernde Person, und es kam zu einer großen Zahl an grausamen Hexentötungen bis ins 18. Jahrhundert hinein. Die meisten der als Hexen Verfolgten waren jedoch gar keine Hexen, sondern fielen der allgemeinen Hysterie der damaligen Zeit zum Opfer. Den Menschen ging es aufgrund von Seuchen, Kriegen und Hungersnöten schlecht, und sie suchten nach Schuldigen für ihr Elend. Wenn ein Mensch oder ein Haustier erkrankte, so wurde leicht vermutet, daß eine Hexe dafür verantwortlich wäre. Schnell waren dann ein unliebsamer Nachbar oder eine seltsame Frau im Dorfe im Verdacht.

Auf diese Weise schaffte man sich gerne unbequeme Leute vom Halse, indem man sie der Hexerei bezichtigte. Und viele Menschen kannten damals noch ganz einfache Methoden, die man als Volkszauberei bezeichnet, z. B. das Besprechen von Warzen. Es war also gar nicht schwer, jemanden mit dem Vorwurf der Hexerei zu belasten. Es gab aber auch Menschen, die besondere Kräfte und größeres Zauberwissen besaßen; echte Hexen, welche die Kraft und das Wissen geerbt hatten. Auch sie finden sich in manchen Hexenprozeßakten der damaligen Zeit. Daß man allein schon wegen versuchtem heidnischen Heilzauber der Hexerei angeklagt werden konnte, belegt die Prozeßakte der alten Frau Moller aus Hildesheim aus dem Jahre 1607. Diese Frau Moller glaubte an die „guten Hollen" und wurde deswegen vor Gericht gebracht. Die Angeklagte hatte einem Mann eingeredet, seine Krankheit wäre von den Hollen verursacht und hatte ihm versucht, diese auszutreiben, worauf er gestorben sei. Die alte Frau berichtet, sie habe den Kranken beräuchert, ihm mit den Händen Brust und Rücken dreimal begriffen und einen Heilsegen über ihn gesprochen. Die Hollen hätten ihren Wohnsitz unter dem Holunder und dort, wo die Hühner gerne badeten. Frau Moller habe den Urin des Kranken gekocht und an seiner Farbe und Beschaffenheit erkannt, daß der Patient bald sterben würde. Die Zeugin Gerdtmann sagte aus, Frau Moller habe an ihr 11 Paar gute Hollen sehen können und von ihr Brot und Wurst für das Abbannen der Hollen verlangt. Die Zeugin Barthel gab an, die Moller hätte ihr krankes Kind geheilt, indem sie es streichelte, Zaubersprüche murmelte und der Mutter befahl, dem Kinde Knoblauch und Sellerie um den Hals zu hängen. Frau Moller beschrieb die Hollen als grau, schwarz oder weiß, für den normalen Menschen unsichtbar und so groß wie ein Daumenglied. Sie würden sich vom Herzen des Menschen oder Viehs nähren. Diese Aussagen schienen der Inquisition aber nicht zu genügen, darum drohten sie der Frau Moller mit der Folter, quälten sie mit Daumenschrauben und „Spanischen Stiefeln". Daraufhin erzählte die arme Frau alles, was die Inquisitoren wissen wollten: daß sie einen Pakt mit dem Teufel hätte und Menschen bezaubert und vergiftet. Natürlich ist keine von diesen durch die Folter erpreßten Aussagen wahr. Eine alte hellsichtige Heilerin, welche die Krankheitserreger in Gestalt von Elben, hier Hollen genannt, erblickte – so wie es auch die Schamanen tun – wurde hier das Opfer eines Hexenprozesses. Man verbrannte sie nach der Folter. So wie sie endeten Tausende von Frauen und Männern auf dem Scheiterhaufen. Bereits einige Jahrzehnte früher, im Jahre 1572, war die alte Frau Meier aus Hildesheim wegen ähnlicher Dinge angeklagt worden. Auch sie erzählte von den guten Hollen; diese lägen bei Familie Nagel unter der Treppe und würden die Frau des Hauses erkranken lassen. Herr Nagel solle mit einem Messer stillschweigend Erde von drei Kreuzwegen ausheben und diese Erde unter die Treppe tun, so würden die Hollen wegziehen und seine Frau nicht mehr quälen. Außerdem erzählte die Meier von ihren Wahrsagekünsten mittels einer Wünschelrute. Frau Meier hatte noch Glück; sie wurde „nur" einige Wochen inhaftiert und anschließend aus der Stadt gewiesen.

Was die Wissenschaftler heute als Erreger, Bakterien oder Viren bezeichnen, das erfährt der naturreligiöse Mensch auf der geistigen Ebene als Elben, Hollen oder Würmer. Ein Segen, der mit den Worten >*Gang ut Nesso mit niun Nessiklinon*< (Geh aus Wurm mit neun Würmchen) beginnt, bezieht sich auf solche Krankheitsgeister. Der schamanische Heiler beschwört diesen „Wurm", den Körper des Kranken zu verlassen, damit der Patient gesunde. Man nannte einen solchen Heiler einen „Lachsner" oder „Lachmann" (schwedisch läkare, altenglisch leech, altnordisch laeknir, polnisch lekarz, finnisch lääkäri, gotisch lekeis). Die weibliche Heilerin wurde „Lachsnerin", mhd. „lachenaerinne", genannt, und man bezeichnete die Hexen des öfteren als Lachsnerinnen. Das althochdeutsche

„lahhan" bedeutet „Heilmittel". Unser Wort „Lauch" verweist auf den Einsatz der Lauchgewächse als Heilpflanzen; man denke an Knoblauch, Bärlauch, Schnittlauch oder die verschiedenen wilden Laucharten. Das Wort „Lache" (Pfütze) ist gleichfalls mit „lahhan" verwandt. Die Germanen besaßen magische Schriftzeichen, Runen genannt, welche für verschiedene zauberische Zwecke geritzt wurden. So heißt eines dieser Zeichen „Laguz" und bezeichnet eine Lache, eine Quelle oder einen See und gleichermaßen ein Heilmittel. Darum heißt es in dem altnordischen Liede Sigrdrifumál:

>*Die Füllung segne vor Gefahr dich zu schützen*
und lege Lauch in den Trank.<

Hier kann ein Heilmittel oder auch die Laguz-Rune selbst gemeint sein, die in den Trank gelegt wird.

Aus England ist uns das Leechbook bekannt, welches Zaubersprüche enthält, die zusammen mit den richtigen Heilkräutern verwendet wurden, um Kranke zu heilen und schädigende Geister zu vertreiben. Es enthält u. a. einen Neunkräutersegen, bei dem folgende neun Heilkräuter verwendet werden: Mugcwyrt (Beifuß), Wegbrade (Wegerich), nach Osten geöffnet, Lombescyrse (Behaartes Schaumkraut), Attorlaðan (Natternkopf), Mageðan (Kamille), Netelan (Nessel), Wudusuræppel (Holzapfel), Fille (Kerbel) and Finule (Fenchel), ealde sapan (alte Seife). In der Anweisung heißt es:

>*Gewyrc ða wyrta to duste, mængc wiþ þa sapan and wiþ þæs æpples gor.*
Wyrc slypan of wætere and of axsan, genim finol, wyl on þære slyppan and
beþe mid æggemongc, þonne he þa sealfe on do, ge ær ge æfter. Sing þæt galdor
on ælcre þara wyrta, III ær he hy wyrce and on þone æppel ealswa; ond singe
þon men in þone muð and in þa earan buta and on ða wunde þæt ilce gealdor,
ær he þa sealfe on do.<

Das heißt übersetzt:

>*Zerstoße die Kräuter zu Staub, vermenge sie mit der Seife und mit dem Saft des Apfels. Mache einen Brei aus Wasser und aus Asche, nimm Fenchel, koche ihn in dem Brei und erwärme ihn mit Eigemisch, wenn die Salbe aufgetragen wird, sowohl vorher als nachher. Singe diesen Zauberspruch über jedem dieser Kräuter, dreimal bevor sie bearbeitet sind, und über den Apfel ebenso; und singe dann dem Mann in den Mund und in beide Ohren und auf die Wunde den gleichen Zauberspruch, bevor die Salbe aufgetan wird.*<

Um den magischen Wortklang des folgenden Spruches zu erhalten, lasse ich ihn in Originalsprache stehen. Der überlieferte altenglische Spruch lautet:

>*Gemyne ðu, mugwyrt, hwæt þu ameldodest,*
Hwæt þu renadest æt Regenmelde.
Una þu hattest, yldost wyrta.
ðu miht wið þre and wið þritig,
þu miht wiþ attre and wið onflyge,
þu miht wiþ þam laþan ðe geond lond færð.

Ond þu, wegbrade, wyrta modor,
Eastan openo, innan mihtigu;
Ofer ðe crætu curran, ofer ðe cwene reodan,
Ofer ðe bryde bryodedon, ofer þe fearras fnærdon.
Eallum þu þon wiðstode and wiðstunedest;
Swa ðu wiðstonde attre and onflyge
And þæm laðan þe geond lond færð.

Stune hætte þeos wyrt, heo on stane geweox;
Stond heo wið attre, stunað heo wærce.
Stiðe heo hatte, wiðstunað heo attre,

94

Wreceð heo wraðan, weorpeð ut attor.

þis is seo wyrt seo wiþ wyrm gefeaht,
þeos mæg wið attre, heo mæg wið onflyge,
Heo mæg wið ðam laþan ðe geond lond færð.
Fleoh þu nu, attorlaðe, seo læsse ða maran,
seo mare þa læssan, oððæt him beigra bot sy.

Gemyne þu, mægðen, hwæt þu ameldodest,
Hwæt ðu geændadest æt Alorforda;
þæt næfre for gefloge feorh ne gesealde
Syþðan him mon mægðan to mete gegyrede.

þis is seo wyrt ðe wergulu hatte;
ðas onsænde seolh ofer sæs hrygc
Ondan attres oþres to bote.
Stond heo wið wærce, stunað heo wið attre,
Seo mæg wið þre and wið þritig.
Wið feondes hond and wið færbregde,
Wið malscrunge manra wihta.

Fille and finule, felamihtigu twa,
þa wyrte gesceop witig drihten,
Halig on heofonum, þa he hongode;
Sette and sænde on nygon worulde
Earmum and eadigum eallum to bote.

þær geændade æppel and attor,
þæt heo næfre ne wolde on hus bugan.

ðas nygon magon wið nygon attrum.
Wyrm com snican, toslat he man;

ða genam Woden nygon wuldortanas,
Sloh ða þa næddran, heo on nygon tofleah.

Nu magon þas nygon wyrta
wið nygon wuldorgeflogenum,
Wið nygon attrum and wið nygon onflygnum,
Wið ðy readan attre, wið ðy runlan attre,
Wið ðy hwitan attre, wið ðy wedenan attre,
Wið ðy geolwan attre, wið ðy grenan attre,
Wið ðy wonnan attre, wið ðy rudenan attre,
Wið ðy brunan attre, wið ðy basewan attre,
Wið wyrmgeblæd, wið wætergeblæd,
Wið þorngeblæd, wið þystelgeblæd,
Wið ysgeblæd, wið attorgeblæd.

Gif ænig attor cume eastan fleogan
oððe ænig norðan cume, oððe ænig suðan cume,
oððe ænig westan ofer werðeode.

Ic ana wat ea rinnende
þær þa nygon nædran nean behealdað;
Motan ealle weoda nu wyrtum aspringan,
Sæs toslupan, eal sealt wæter,
ðonne ic þis attor of ðe geblawe.<

Kapitel 4

Hexenkräuter

Das Wissen um die heilenden und magischen Kräfte der Kräuter war schon immer ein wichtiger Bestandteil des Hexentums. Jede Hexe sollte lernen, welches die wichtigsten Heilkräuter sind, wie und wann man diese erntet und für welche Zwecke und in welcher Dosierung sie eingesetzt werden. Dazu kommt noch das Wissen um die geistigen Kräfte einer jeden Pflanze. Jedes Kraut hat seinen speziellen Pflanzengeist, und dieser will auf korrekte Weise behandelt werden. So opfert man beim Ernten magischer Pflanzen immer etwas, um den Pflanzengeist zu versöhnen. Das können Speisen oder Getränke sein, wie beispielsweise Honig und Milch oder Bier. Auch die Zeitqualität (Jahreszeit, Mondphase, Wochentag, Tageszeit) spielt natürlich eine wichtige Rolle beim Pflücken oder Ausgraben der Pflanzen. Pflanzengeister sind sehr alte und mächtige Wesen. Im Gegensatz zum Menschen befinden sich die Pflanzen stets in einem erweitertem Bewußtseinszustand, in Ekstase, und sind daher direkt mit den höheren Welten, dem Reiche der Götter, verbunden. Um mit ihnen reden zu können, muß auch der Mensch sich in einen erweiterten Bewußtseinszustand versetzen, sei es durch Meditation, Gesang und Tanz oder bestimmte Trance- oder Ekstasetechniken. Auch im Zustand zwischen Wachen und Schlafen, am frühen Morgen, gelangen wir in einen solchen Zustand, deswegen sind Träume kurz vor dem Erwachen besonders aussagekräftig. Auch von den Schamanen der naturreligiösen Stämme kennen wir die Praxis, sich mit dem Geist der Pflanze in Verbindung zu setzen. Es gibt Kräuter mit einer besonders starken Kraft und einem mächtigen Pflanzengeist, der bei der sogenannten Häuptlingspflanze weilt (einem besonders auffälligem Exemplar seiner Art); deswegen wird das magische Ritual oft genau um diese Pflanze herum ausgeführt. In vielen Fällen sind die mächtigen Heil- und Zauberpflanzen ganz alltägliche und weitverbreitete „Unkräuter", bisweilen auch gefürchtete Giftpflanzen. Viele von ihnen tragen im Volksmund die Bezeichnung „Hexenkräuter", was auf ihre besonderen Kräfte hinweist. Die Hexe hat unter den Pflanzengeistern genauso ihre speziellen Vertrauten wie unter den Tiergeistern. Sie benötigt oft nur eine Handvoll bestimmter Pflanzenarten, um damit ihre heilenden Zauber durchführen zu können. Oft sind es neun Kräuter, entsprechend der neun guten Pflanzengeister, welche gegen die neun schädigenden Geistwesen helfen. Neunerlei Kräuter ißt man in der Gründonnerstagssuppe oder als heilkräftigen Salat. Oder man bindet sie in den zauberkräftigen Kräuterstrauß zu Mittsommer oder in den Frauendreißigern zwischen August und September.

Die Sommersonnenwende ist eine sehr wichtige Zeit für das Sammeln von Kräutern. Manche von ihnen müssen vor Sonnenaufgang, andere in der Zeit der Mittagsstunde gesammelt werden, je nach Art des Krautes. Die Götter und Geister laden nun die Kräuter mit besonderen Heil- und Zauberkräften auf. Man sammelt Sträuße aus siebenerlei und neunerlei Kräutern, die beispielsweise als Schutzmittel über Haus- und Stalltüren aufgehängt werden; so wird das Böse gebannt. Dabei kommen Kräuter wie Hartheu (auch als Johanniskraut bekannt), Beifuß und Eisenkraut, aber auch Zweige von Holunder, Wacholder, Weißdorn und Hasel zum Einsatz. Und beim Tanz um das Mittsommerfeuer schmückt man sich rituell mit den verschiedensten Kräutern, die jetzt blühen.

Kräuter- und Obstgarten. Alter Holzschnitt.

Ich habe hier mal einige wichtige Hexenkräuter zusammengestellt. Es ist natürlich nur eine kleine Auswahl. Wer mehr zum Thema Kräuter wissen möchte, dem empfehle ich, sich ein spezielles Heilkräuterbuch zu besorgen. Die nachfolgenden Rezepte entstammen alle der Volksheilkunde und wurden im Laufe der Zeit gesammelt. Für die Richtigkeit dieser Rezepte übernehme ich keine Verantwortung. Bitte im Krankheitsfalle immer erst den Arzt befragen.

Baldrian (Valeriana off.)

Andere Namen: Augenwurzel, Dennenmark, Dreifuß, Hexenkraut, Katzenkraut, Katzenwargel, Katzenwurzel, Marienwurzel, Magdalenenkraut, Mondwurz, Odoljan, Spickwurz, St. Georgenkraut,

Theriakwurzel, Tollerjan, Velandsurt, Viehkraut, Wandwurzel, Wildfräuleinkraut, Zahnkraut.

Der Baldrian besitzt einen hohen, gefurchten Stengel, gefiederte Blätter und eine kurze Wurzel, welche nach dem Trocknen kampferähnlich duftet. Die doldenförmigen Blüten sind rosa gefärbt und öffnen sich im Juni/Juli.

Früher hieß es:

> *Wüßte jede Frau, was Baldrian ist, sie würde ihn sammeln, in den Gürtel nähen und bei sich tragen.*<

Das erinnert uns an den Gürtel der Göttin Aphrodite, durch den sie besonders liebreizend erschien. Die Pflanze ist ein altes Liebesmittel. Wenn Mann und Frau den Baldrian zusammen in Wein genießen, so sollen sie zur Liebe angeregt werden. Man hatte Baldrian bei sich, um Erfolg beim anderen Geschlecht zu haben, z. B. trugen Männer die Pflanze in rotem Wachs am Körper, um Frauen anzuziehen. Wollte ein Bursche erreichen, daß ihm ein Mädchen zugeneigt war, so steckte er sich Baldrianwurzel in die Hosentasche und sprach:

> *Baldrian, greif mir dran!*<

Die Angebetete konnte ihm dann keinen Wunsch abschlagen. Um ein Mädchen in sich verliebt zu machen, nahm ein junger Mann Baldrian in den Mund und küßte das Mädchen.

Als ein typisches Frauenkraut fördert der Baldrian die Monatsblutung und hilft gegen verschiedene Frauenleiden (siehe unten). Baldrian wirkt auf Grund seines Duftes, der dem brünstiger Katzen ähnelt, sehr verführerisch auf diese Tiere, darum nennt man ihn auch „Katzenkraut" oder „Katzengeil". Außerdem sollen die Tiere durch das Kraut ihre Sehkraft verbessern.

Die Pflanze ist der Liebes- und Katzengöttin Freyja, aber auch dem Lichtgott Balder geweiht, das zeigen die Namen „Balderkraut", „Balderbracken", „Baldersman", „Balsterjahn" oder „Vohljahnspipen" (Vohl = Balder). Außerdem steht der Baldrian in Beziehung zu heilkundigen Schmied Wieland (Völund) aus der germanischen Sage. Die Pflanze heißt nämlich in Schweden „Velandsrot" (Wielandswurz); ähnlich lautet ihr Name in Dänemark und Island.

Der Baldrian vertreibt schädliche Geister und wehrt Zauber ab, besonders, wenn er am Donnerstag vor dem Vollmond im Mai gesammelt wird. Wenn man einen Baldrianzweig bei sich trägt, kann einen niemand verhexen. Das im Zimmer aufgehängte Büschel hört auf sich zu bewegen, sobald eine Hexe oder ein Geist die Stube betreten. Das zu Leinernte (Vollmond im August) geweihte Büschel schützt vor dem Neid der Elfen.

Der Pflanze sagt man nach, daß sie tapfer mache und Glück bringe. Wenn man sie zu bestimmten Zeiten ausgräbt, freitags vor Sonnenaufgang, zu Himmelfahrt oder in den Frauendreißigern, und dabei eine Beschwörung spricht, so werden ihre heilenden und magischen Kräfte verstärkt. Baldrian ist auch Bestandteil eines Schutzpäckchens gegen Verhexung und böse Geister. Es enthält neunerlei Schutzmittel, die besonders machtvoll wirken:

Baldrian, Dost, Kreuzkümmel, Teufelsdreck, Knoblauch, Salz, Brot, Stahl und Geld.

Man läßt das Päckchen stillschweigend segnen und trägt es bei sich. Ein alter Spruch lautet:

>*Baldrian, Dost und Dill -*
kann die Hex nicht, wie sie will!<

Diese Kräuter vereiteln also jegliche Schadzauberei.

Die Heilkraft des Baldrians wurde den Menschen von einer Wald-
frau verkündet. Sie empfahl ihn zusammen mit der Bibernelle gegen die Pest. Bei entzündeten Augen hängt man sich die Baldrianwurzel um den Hals; bei trüben Augen kaut man die Wurzel und
haucht den Atem über sich in die Augen; in gleicher Weise wirkt
Wein, worin die Wurzel gekocht wurde (als Augentropfen).

Fuchs schreibt 1543 in seinem Kräuterbuch:

>*Baldrion wurtzel in wein oder wasser gesotten und in die augen getropfft,*
macht ein klar gesicht<.

Daher rührt auch der Name „Augenwurz". Nimmt man täglich etwas von dem Wurzelpulver ein, so erhält man die Sehschärfe und
stärkt schwache Augen.

Um Tee zu bereiten, nimmt man 3 g Wurzeln auf eine Tasse
Wasser. Die Wurzeln werden 10 Min. gekocht. Ein solcher Tee
stärkt die Nerven,wirkt kräftigend, hilft bei Blähungen, Brechreiz,
Migräne, Kopfweh, Schlaflosigkeit, Angst, Schwermut, Herzklopfen, Husten, Krämpfen, Seitenstechen, Rückenweh und Unterleibs-
schmerzen. Der Tee soll höchstens zwei Wochen lang getrunken
werden, danach nehme man zwei Wochen lang Melissentee und
dann erst wieder Baldrian, sonst könnte Abhängigkeit entstehen.
Auch ein Kaltauszug ist bei Krankheiten wie Krämpfen, Nerven-

störungen, Erschöpfung, Schwermut, Atemnot, Hitzewallungen und nervösen Darmstörungen mit Blähungen empfehlenswert. Dafür nimmt man zwei Teelöffel der Wurzel auf eine Tasse kaltes Wasser und läßt diese 10 Stunden stehen, bevor man sie trinkt. Die beruhigende Wirkung des Baldrians erstreckt sich auf die gereizte Großhirnrinde; durch den Tee werden die allzu lebhaften Gedankengänge gebremst, die oft für Herzklopfen und Schlaflosigkeit, Angst und Nervosität verantwortlich sind. Vor allem zusammen mit Hopfen ist die Wurzel ein gutes Schlafmittel.

Da die Wurzel abführend wirkt, nennt man den Baldrian scherzhaft „Bullerjahn". Bei Durchfall hingegen soll er stopfend wirken. Frauen in den Wechseljahren ist der Tee als auch der Kaltauszug sehr zu empfehlen. Schon bei den Hippokratikern im 5. und 4. Jahrhundert vor der Zeitrechnung spielte der Baldrian eine große Rolle in der Frauenheilkunde.

Die in Wein gekochten Wurzeln oder Blüten heilen Wunden („Wundkraut") und vertreiben Warzen. Vor allem die obere Seite des Wurzelstocks dient zur Wundheilung, während die untere als Zugpflaster den Eiter sammelt. Der Baldrian wurde auch gegen den Biß giftiger Tiere verwendet („Schlangenbißkraut").

Ein halbes Quentlein des Wurzelpulvers täglich heilt Brüche aller Art. Einen Löffel Baldrianwasser pro Tag soll man Kindern gegen Spulwürmer einflößen. Kinder, denen man ins erste Bad Baldrian gibt, sind vor allerlei Krankheiten geschützt.

Baldrian erzeugt im Körper Hitze, verstärkt den Blutkreislauf und den Harndrang. Dunkelhaarige sprechen erfahrungsgemäß besser auf die Heilwirkungen des Baldrians an als Blonde, das gilt vor allem für die psychischen Wirkungen. Die zum Heilen verwendete

Wurzel sollte nicht älter als drei Jahre sein, denn danach verliert der Baldrian seine Heilwirkung.

Beifuß (Artemisia vulgaris)

Andere Namen: Besenkraut, roter Buck, Buckel, Elsen, Gänskraut, Geißbart, Hermandl, Hexenkraut, Himmelskuh, Himmelsuhr, Hühnerklaue, Johannisgürtel, Jungfernkraut, Liebeskrautwurzel, Magert, Muggert, Mutterkraut, Schoßmalten, Sonnwendgürtel, Stabkraut, Weiberkraut, Wilder Wermut, Wurzwisch.

Die hochgewachsenen Pflanze besitzt wechselständige, gefiederte Blätter, die oben dunkelgrün und kahl, an der Unterseite aber weißfilzig sind. Die winzigen Blütenköpfchen (man findet sie zwischen Juni und September) haben eine filzige Hülle und sind rötlichbraun oder gelblich.

Beifuß (Artemisia vulgaris) galt bei den Griechen als heiliges Kraut der Göttin Artemis, der Diana bei den Römern. Diana aber entspricht unserer germanischen Holda, wie es Johannes Herolt im 15. Jh. belegt. Bei vielen Völkern gilt der Beifuß als heilige Pflanze, die man kultisch verwendet, sei es als Räucherung, als Heil-, Schutz- oder Zauberpflanze. Beifuß erscheint im altenglischen Neunkräutersegen als Mugwurz und wird unter einer Beschwörung ausgegraben. Wenn man etwas nimmt, muß man auch immer etwas geben, darum opfert man dem Pflanzengeist etwas Speise oder Trank, wenn man die Pflanze ausgräbt. Pflanzengeister sind übrigens nicht in so fest in der Pflanze verankert wie wir Menschen oder die Tiere, sondern halten sich im Umfeld der Pflanze auf. Auch ist die richtige Zeit für das Ausgraben der Pflanze entscheidend. So erntet man Beifuß zu Mittsommer oder in den Frauendreißigern, der Zeit, in der die meisten Heilkräuter gesammelt werden. Die Frauendreißiger dauern von Mitte August bis Mitte September. Es ist die Zeit, in der auch die Hexen ihre Zauberkräuter sammeln. Der Beifuß wird nach dem Ausgraben getrocknet und aufbewahrt, um ihn später zum Heilen, Zaubern und Räuchern zu verwenden. Er ist ein Frauenkraut, d. h. er wird vor allem zur Heilung von Frauenleiden verwendet. Er fördert die Menstruation und die Geburt, da er austreibend wirkt; er gehört darum auch zu den Kräutern, mit denen abgetrieben wurde. Der Beifuß öffnet aber nicht nur den Körper, sondern auch den Geist. Die Räucherung öffnet die Tore zur Geisterwelt und läßt die Seele leichter Kontakt mit den Jenseitigen aufnehmen. Gleichzeitig bannt das Kraut böse Geister, weshalb es seit uralten Zeiten Verwendung bei den Totenzeremonien findet. Als „Besenkraut" bindet man es zusammen und fegt damit aus, um Ungeziefer und schädliche Geister zu vertreiben. Der Beifuß ist eine der mächtigsten und wichtigsten Heil- und Zauberpflanzen. Er gilt als öffnendes Kraut, sowohl geistig als auch körperlich. Er öffnet den Geist für die höheren Welten, vertreibt schädliche Geister und wird daher auch gerne als Räuchermittel verwendet.

Das Trinken von Beifußtee schärft die Intuition und fördert die Hellsichtigkeit. Mit seinem Saft streicht man magische Spiegel ein, um diese mit Kraft aufzuladen, und beräuchert diese noch anschließend.

Der Beifuß wird im Liebeszauber verwendet. Frauen stecken ihn sich an, damit sie recht viele Verehrer bekommen. Zu Mittsommer dient das „Beifußbrechen" den Mädchen dazu, einen Blick in die Zukunft werfen zu können. Auch soll man an diesem Tage um 12 Uhr mittags an den Wurzeln Kohlen finden können, die sich zum Liebeszauber gebrauchen lassen. Der Beifuß ist ein klassisches Frauenkraut. Er stillt Blutungen, auch die zu starke Monatsblutung, wenn er nach oben hin abgeschnitten wird. Bei zu schwacher Blutung schneidet man ihn zur Erde hin ab. Einer Frau, die zu schwer gebiert, wird ein Beifußkranz auf den Nabel gelegt und dann wieder fortgenommen, so geht das Kind leichter heraus. Hier dient die Pflanze als Geburtsgürtel, als „Schoßmalten". Auch die Nachgeburt wird durch Beifuß leichter ausgetrieben. Früher benutzte man die Pflanze als Abtreibungsmittel.

Junger Beifuß.

Die Pflanze besitzt die größte Heil- und Zauberkraft, wenn sie zu Mittsommer oder am Donnerstag vor dem Maivollmond (heute Christi Himmelfahrt) gesammelt wird. Sie bildet aber auch einen wichtigen Bestandteil des „Neunkräuterbüschels" der Frauendreißiger. Man hängt den Beifuß gegen schadende Geister und dem bösen Blick im Hause auf; gegen Blitz, Feinde und Krankheiten jedoch über der Haustür oder am Dachfirst.

Beim Tanz um das Mittsommerfeuer umgürtet man sich mit Beifuß („Sonnwendgürtel"; der Name ist seit 1479 belegt) und wirft ihn anschließend hinein, um ein Jahr lang vor Krankheiten bewahrt zu bleiben. Der geflochtene Sonnwendgürtel wurde mit folgenden Worten ins Feuer geworfen:

>*Es gehe hinweg und werde verbrannt mit diesem Kraut all mein Unglück!*<

Die Heilkraft des Beifußes wurde den Menschen einst von einer Meerfrau verkündet, so heißt es in einer Sage. Meerfrauen, Waldfräulein und Zwergenfrauen galten als heilkundige Wesen.

Gegen Lendenschmerzen reißt man vor Sonnenaufgang den Beifuß mit der linken Hand aus und umgürtet sich damit. Mit dem Saft der Pflanze reibt man die Glieder ein, um ihnen Stärke zu verleihen. Beifuß im Schuh getragen schützt den Wanderer vor Müdigkeit, daher rührt auch der Name der Pflanze. Ein Sträußchen am Bein bewahrt vor dem Biß giftiger Tiere und vor allerlei Gefahren. Die zu Mittsommer an den Wurzeln gefundenen Kohlen helfen gegen Fieber und Fallsucht (Epilepsie).

Die Wurzel wird pulverisiert und in Wasser gekocht (1 Eßlöffel auf eine Tasse Wasser); dieser Tee fördert die Durchblutung und stärkt die Nerven, hilft bei Verdauungsstörungen, Krämpfen, Erbrechen,

Durchfall, Bleich-, Gelb- und Wassersucht, Verschleimung, Gebär-
mutterentzündung und Epilepsie. Bei Kindern in den Entwick-
lungsjahren hat der Tee einen günstigen Einfluß auf den Unterleib.
Beifuß wirkt schweiß- und harntreibend.

Mit Honig oder Zucker in Wasser oder Wein gekocht reinigt die
Wurzel Nieren, Blase und Lunge, vertreibt die darin befindlichen
Steine und lindert den Husten. Beifuß soll höchstens 6 Tage lang
und nicht während der Schwangerschaft verwendet werden.

Dost (Origanum vulgare)

Andere Namen: Badkraut, Berghopfen, Bergminze, Costenz,
Braundosten, Frauendosten, Frauenkraut, Gemude, Hexenkraut,
Krautwisch, Kung (König), Liebfrauenbettstroh, Lungenkraut, Maran, Moonweed, Muttergottesblume, Mutterkraut, Ohrkraut, Oregano, Wilder Majoran, Wohlgemut, Zahnwehkraut.

Die bis zu 60 cm hohe Pflanze mit dem leicht behaarten Stengel
hat glattrandige, dunkelgrüne Blätter. Die Blüten (Juli-Oktober)
sind meistens purpurrot, selten weiß gefärbt. Der Dost duftet ähnlich wie der mediterrane Echte Majoran.

Der Name der Pflanze ist seit dem 10. Jh. belegt und bedeutet so-
viel wie „Büschel". Heute ist sie als „Oregano" ein bekanntes und
beliebtes Küchengewürz, vor allem in der Mittelmeerküche.

Als typisches Frauenkraut dient der Dost zur Vermehrung der
Muttermilch. Getrocknet und in Met getrunken fördert er die
Menstruation. Als „Liebfrauenbettstroh" legte man den Dost frü-
her den Gebärenden ins Lager, um ihnen die Geburt zu erleichtern.

Wöchnerin und Neugeborenes werden durch das Kraut vor Verhexung geschützt. Es wird während der Blüte in den Frauendreißigern gesammelt, ist also Bestandteil des Neunkräuterbüschels.

Der Dost gilt als zauberwidriges Mittel, vertreibt böse Geister und giftige Tiere, vor allem die Schlangen. Ein alter Spruch lautet:

>*Dost, Hartheu und weiße Heid*
tun dem Teufel viel Leid.<

Man beräucherte Besessene mit Dost, um dunkle Geistwesen (die negative Gedanken und Krankheiten erzeugen) aus ihnen herauszutreiben. Die Pflanze heißt auch „Wohlgemut", weil sie Freude, Zufriedenheit und Mut erwecken soll. Außerdem sagt man ihr nach, daß sie arbeitsam mache. Man verwendete sie früher gerne als Bierwürze („Berghopfen"). Ein solches Bier machte die Leute gutgelaunt und aktiv, anstatt sie einzuschläfern.

Der Dost hilft bei Vergiftungen mit Pflanzen wie Herbstzeitlose (Dost zusammen mit Sauerhonig eingenommen), Mohn und Schierling (jeweils in süßem Wein gekochter Dost). Er ist daher auch Bestandteil verschiedener Hexensalben. Wird man von einem giftigen Tier gebissen, so soll man ebenfalls Dost in Wein gekocht trinken.

Man verwendet den Tee (1 Teelöffel pro Tasse) gegen Krämpfe, Depressionen, Appetitlosigkeit, träge Verdauung und Durchfall. Pulverisierter Dost mit Honig eingenommen hilft bei Bronchitis, Husten, Heuschnupfen und Asthma („Lungenkraut"). In süßem Wein gekocht heilt er Leberleiden, Gelbsucht und den Biß giftiger Tiere. Behält man diesen Wein eine Weile im Mund, so werden Zahnschmerzen gemildert. Das Dost-Öl wird zur Einreibung bei

Rheumatismus verwendet. Dazu gibt man eine Handvoll Kraut in einen halben Liter Oliven- oder Leinöl, läßt es 2 Wochen an einem warmen Ort stehen, seiht es ab und preßt es aus. Dieses Öl kann man auch als Dampfbad gegen Asthma und Keuchhusten verwenden. Der frische Saft der Pflanze hilft gegen Schwellungen der Mandeln. Gegen Ohrensausen kocht man Dost in Wein und läßt den Dampf in die Ohren ziehen, daher auch der Name „Ohrkraut".

Dost sollte nicht länger als eine Woche und nicht in der Schwangerschaft eingenommen werden.

Früher fand die Pflanze als Badekraut große Verwendung. Im Mai, dem Monat der Liebesgöttin, pflegte man Bäder zur Erhöhung von Gesundheit, Lebenskraft und Schönheit zu nehmen. Man badete frühmorgens vor Sonnenaufgang im Maitau oder suchte die Badehäuser auf, wo kräuterkundige Leute, genannt Bader und Baderinnen, ihren Dienst verrichteten. Abkochungen des Dostes wurden gegen verschiedene Hautkrankheiten und Gelbsucht im Bade eingesetzt. Tabernaemontanus schreibt im 16. Jh. in seinem Kräuterbuch:

>*Aus den Blättern des gemeinen Dosten werden nützliche Dampfbäder und Bähung gemacht, da man die kalte überflüssige Feuchtigkeit austrocknen und verzehren soll.*<

Eisenkraut (Verbena officinalis)

Andere Namen: Altarblume, Ambrosia, Druidenkraut, Eisenhart, Eiserner Heinrich, Junoträne, Katzenblut, Geweihtes Kraut, Heiliges Kraut, Merkurblut, Mönchskappe, Opferblut, Stahlkraut, Taubenkraut, Teufelswurz, Träne der Isis, Segenkraut, Sprengwedel,

Venusader, Venusträne, Wunschkraut.

Die bis zu 60 cm hohe Pflanze hat einen kantigen, rauhen Stengel mit gesägten, länglichen Blättern. Die kleinen Blüten sind ährenförmig und von weißer oder blauvioletter Farbe.

Das Eisenkraut war in heidnischer Zeit eine der heiligsten Pflanzen. Man benutzte es, um die Altäre der Götter auszukehren und als Weihwedel. Die heiligen Plätze wurden mit dem Kraut geschmückt, da es alles Unreine verbannte. Wenn die Römer zu anderen Völkern gingen, um mit ihnen über Krieg und Frieden zu verhandeln, trugen sie stets Eisenkraut bei sich. Man sagte der Pflanze nach, daß sie vor Feinden schütze.

Man unterscheidet das männliche und das weibliche Eisenkraut. Man vergleicht die Pflanze mit den Tränen oder Adern der Liebesgöttin. Bei den alten Griechen wurde das Eisenkraut „herba veneris" (Kraut der Venus) genannt.

Um sich die magischen Wirkungen dieser Pflanze nutzbar machen zu können, muß sie unter bestimmten Vorschriften ausgegraben werden. Dies muß nämlich beim Aufgang des Hundssternes (Sirius) geschehen, wenn weder Sonne noch Mond scheinen. Man opfert dem Pflanzengeist zuvor Honig und Wachs, zieht mit Eisen einen Kreis um die Pflanze, gräbt diese mit der linken Hand oder mit Gold und Silber unter Beschwörungen aus und achtet darauf, daß das Eisenkraut nicht mehr den Boden berührt, da sonst die Kraft durch die Erde wieder entweicht. Danach wird es mit Wein oder mit reinem Wasser gewaschen. Die so gewonnene Pflanze kann nun auf vielfache Weise in der Zauberei verwendet werden. Nach anderen Angaben soll man das Eisenkraut zu Mittsommer vor Sonnenaufgang oder in den Frauendreißigern ausgraben. Hier

ein Beispiel für eine alte Beschwörung der Pflanze aus dem 13.
Jahrhundert:

> *>Ich gebiete dir, edle Wurz Verbena,*
> *bei dem, der dich geschaffen hat,*
> *daß du keine deiner Kräfte*
> *noch keine deiner Tugenden*
> *in der Erde nicht lassest,*
> *du seiest immer in meiner Gewalt*
> *und mit der Tugend und mit der Kraft,*
> *als du geschaffen bist und gezieret.<*

Schon die gallischen Druiden nahmen das Eisenkraut zur Prophe-
zeiung, so berichtet Plinius (*Nat. hist. 25, 106*). Es vertreibt böse
Geister, Schlangen, schützt vor Verzauberung, Gift und Blitzschlag, stiftet Freundschaft, vertreibt Leid und Schmerz und macht
den Menschen fröhlich, klug, reich und beliebt. Zum Schutz vor
Gewitter räuchert man Eisenkraut zusammen mit Hartheu und
spricht:

> *>Eisenhart und Hartenau,*
> *brennt an, daß sich das Gewitter stau!<*

Legt man die Pflanze unter das Kopfkissen, so soll sie zukunfts-
kündende Träume erwecken. Der Eisenkrautsalbe sagt man nach,
daß sie Wünsche erfüllen könne. Natürlich kann man das Kraut,
vor allem den Saft, auch im Liebeszauber verwenden. Es soll die
Potenz stärken und einem Manne Erfolg bei Frauen bringen. Vint-
ler schreibt im 15. Jahrhundert in seinen *Blumen der Tugend*, daß zur
Sommersonnenwende gegrabenes Eisenkraut die Leute >einander
traut<, also verliebt mache. Tauben und Bienen lieben diese Pflanze sehr und können mit ihr angelockt werden, wenn man das Ei-

senkraut in den Taubenschlag oder in den Bienenstock legt.

Gegen Kopfschmerzen setzt man sich einen Kranz von männlichem Eisenkraut auf. Um den Kropf zu vertreiben, hängt man sich die Wurzel um den Hals. Gegen die Fallsucht sammelt man am Morgen der Frühlingsgleiche Eisenkraut, vermischt es mit Rosenkörnern, pulverisiert das Ganze und nimmt täglich eine Messerspitze davon ein. Kranke wäscht man mit dem Absud der Pflanze; findet man darin viele Haare, so zeigt dies an, daß der Kranke verzaubert wurde. Badet man ein Neugeborenes in Eisenkraut, so wird das Kind stark wie Eisen.

Schläft man auf Eisenkraut, so findet man verlorengegangene oder gestohlenen Dinge wieder. Legt man das Kraut in die Schuhe oder bindet es sich ans Bein, so schützt dies vor Ermüdung; ähnliches wird ja auch vom Beifuß erzählt. Um vor dem Erblinden gefeit zu sein, trägt man die Pflanze um den Hals auf der bloßen Haut bei sich.

In Wein gekochtes Eisenkraut öffnet verstopfte Organe wie Leber, Nieren und Milz. Auch ist es hilfreich bei Atemnot. Das zerstoßene Kraut heilt Wunden, das wußten schon die antiken Völker. Die gallischen Krieger führten es zu diesem Zwecke bei sich. Mit etwas Essig vermischt kann man es bei Kopfweh, Rotlauf und brandigen Geschwüren auflegen. Ebenso sollen Leute, die an Migräne leiden und dabei am Kopf kälteempfindlich sind, fleißig solche Umschläge anwenden. Mit Essig gebratenes Eisenkraut wird als Umschlag bei Brust- und Rippenfellentzündung verwendet. Mit Roggenmehl und frischem Ei zerstampft hilft das Eisenkraut als Umschlag bei Milzschwellungen.

Das mitsamt der Wurzel zerstoßene Kraut wird als Tee gegen

Steinleiden getrunken. Dieser Tee hilft außerdem bei Ermüdung, Nervenstörungen, Depressionen, Schlafstörungen und Blutarmut. Vor allem bei Blutarmut soll man den Tee über längere Zeit hinweg morgens nüchtern trinken. Man gibt dazu eine Messerspitze des Krauts auf zwei Tassen kochendes Wasser und fügt noch etwas Zucker hinzu. Mundgeruch entfernt man durch Spülungen mit dem Tee. Destilliertes Eisenkrautwasser vertreibt Würmer und bringt den Müttern reichen Milchfluß; desgleichen wird die Milchmenge durch einen Eisenkrauttee vermehrt, den man mit Milch statt mit Wasser gebrüht hat. Das Eisenkrautwasser heilt tränende und trübe Augen, hilft als Gurgelwasser bei Halsleiden und vertreibt Geschwulste (als Waschwasser).

Diese Pflanze ist auch ein hilfreiches Geburtsmittel: Wenn bei einer Schwangeren das Kind im Leibe falsch herum liegt, so überbrüht man eine gute Handvoll Eisenkraut und setzt die Frau darüber, dann wendet sich das Kind von selbst. In deutschen Sagen wird die Pflanze als Mittel geschildert, um Geburten zu erleichtern und vor Mißgeburten zu schützen.

Die Wurzeln und Blätter des weiblichen Eisenkrauts in Wein gekocht getrunken, helfen gegen Vergiftungen durch Tierbisse. Kocht man die männliche Wurzel in Wasser und hält dieses eine Weile im Mund, so vertreibt es Zahnweh, Mundgeschwüre und macht die Zähne fest.

Gundermann (Glechoma hederacea)

Andere Namen: Gundelrebe, Donnerrebe, Gewitterblume, Erdefeu, Guck-durch-den-Zaun, Heckenmännchen, Heilrauf, Totenkraut, Gartenhopfen

Die am Boden kriechende, bis zu 30 cm hohe Pflanze mit ihren vielen Ausläufern hat kleine blaue Blüten und herzförmige, gekerbte Blätter, welche unten violett überhaucht sind.

Im Gundermann wohnt nach dem Volksglauben ein hilfreicher Pflanzengeist, der schädliche Zauber, Geister und Krankheiten abwehrt. Man legte im Frühjahr die Pflanze den Tieren in den Stall oder ins Nest, um sie vor Verhexung zu schützen. Aber auch in der Wohnung soll ein Bund Gundermann gegen Krankheitsgeister und Blitzschlag schützen. Ein Kranz aus Gundermann in der Walpurgisnacht auf dem Haupte getragen macht in dieser Zeit geistersichtig.

Diese Pflanze ist dem dämonenvertreibenden Donnergotte Donar geweiht. Sie wurde früher oft als Bierwürze verwendet, daher auch der Name „Gartenhopfen". Vom germanischen Donnergotte ist überliefert, daß er sehr gerne Bier in großen Mengen trinkt, daher haben viele als Biergewürz verwendete Kräuter einen Bezug zu ihm.

Gegen die Verzauberung der Milch nahm man Gundermann, der vor Sonnenaufgang kultisch gepflückt werden mußte, wand daraus drei Kränze und gab sie der Kuh zu fressen. Dazu sprach man die Worte:

>*Kuh, da geb ich dir Gundelreben,*
daß du mir die Milch wollst wiedergeben.<

Das kultische Pflücken muß natürlich mit einem Zauberspruch erfolgen:
>*Gundreben Ger,*
ich brech dich in unser Frau Ehr'.<

Mit der Frau ist hier ursprünglich die Göttin Holda gemeint, später als Maria verehrt.

Gundermann.

Der heilkräftige Gundermann gehört in den Gründonnerstagssalat, denn er besitzt viel Vitamin C und stärkt das Immunsystem. Das heiß überbrühte Kraut wird bei Ohrenleiden in ein Leinentüchlein gewickelt und noch warm auf die Ohren gelegt. Der Tee ist ein gutes Mittel gegen zu viel Harnsäure und folglich auch gegen Gicht und Steinleiden. Die Triebspitzen des Gundermanns verwendet man bei Erkältungskrankheiten und Verschleimungen, denn die Pflanze besitzt wärmende und trocknende Kräfte. Dazu empfiehlt es sich, die den Gundermann nicht in Wasser, sondern in Milch zu kochen, da das Fett der Milch die heilsamen ätherischen Öle der Pflanze erst wirksam macht.

Bei Augenleiden näht man 99 Blättchen in ein Leinentuch, ohne einen Knoten zu machen. Das ganze hängt man sich um den Hals in Höhe des Herzens und trägt es 9 Tage lang, danach erneuert man das ganze. Ebenso viele Blättchen werden bei Wunden aufgelegt. Das Wort „Gund" soll mit „Eiter, Geschwür" zusammenhängen. Es bedeutet aber auch „Kampf" und steht in Bezug zur heilenden Dise Gund, der kämpfenden Geistfrau, denn die Pflanze wurde bei Verwundungen im Kampfe eingesetzt. Durch die Gerbstoffe wird die eiternde Wunde ausgetrocknet. Wichtig ist, daß immer eine ungerade Anzahl an Blättchen des Gundermanns verwendet wird, um magisch wirksam zu sein. So erscheinen Angaben von 3, 7, 9, 77 oder 99 Blättchen. So nimmt man gegen die Mundfäule 3 Blättchen in den Mund und spricht dazu einen Segen. Gegen einen brandigen Mund hängt man sich Gundermann in einem ungebleichten Leinentuch um den Hals. Allgemein wirkt sich die Pflanze günstig auf Stoffwechsel, Leber, Nieren und Blase aus.

Hartheu (Hypericum perforatum)

Andere Namen: Johanniskraut, Sonnwendkraut, Hexenkraut, Elbenblut, Blutkraut, Wundkraut, Hartenau, Jageteufel, Teufelsflucht, Unser Frauen Bettstroh.

Die Pflanze ist zwischen 25 und 90 cm hoch, besitzt ovale Blätter mit winzigen Löchern, reich verzweigte Stengel und gelbe, fünfzählige Blüten in Doldenform.

Blühendes Hartheu.

Das Hartheu ist eine Sonnen- und Lichtpflanze, welche die Geister der Finsternis vertreibt; deswegen wird sie gerne zum Schutz in den Häusern und Ställen, über Türen und Fenster, aufgehängt. Oder man steckt sie in die vier Ecken der Stube oder des Ackers. Um seine volle Kraft zu erhalten, soll man das Hartheu am Tage der Sommersonnenwende (in christlicher Zeit der Johannistag) um die Mittagsstunde pflücken. Man schmückt damit die heiligen Orte während des Mittsommerfestes, bindet daraus Kränze und Sträuße.

Zerreibt man die Pflanze, so tritt ein rötlicher Saft hervor, der als Blut der Elben oder auch als Menstruationsblut einer Göttin gilt.

118

Das Hartheu spielt in der Frauenheilkunde eine große Rolle; es dient Schwangeren als Lagerstroh, um ein leichtes Gebären zu erreichen. Auch räuchert man damit die Stube aus, um Krankheitsdämonen zu vertreiben, welche der Schwangeren schaden könnten.

Das Kraut vertreibt nicht nur Dämonen, sondern wehrt auch Unwetter ab, wenn man es an die Fenster hängt oder aufs Dach wirft.

Mancherlei Liebesorakel gibt es mit dem Hartheu. Junge Mädchen reiben die Blüten in einem weißen Tuch mit einem Spruch; während des Reibens denken sie an einen bestimmten Burschen:

>*Ist die Liebe gut,*
kommt rotes Blut.
Ist die Liebe alle,
kommt nur Galle.<

Wenn sich beim Reiben das Tuch rot färbt, so gilt dies als Zeichen dafür, daß das Mädchen von dem Burschen geliebt wird.

Ein Bestreichen mit dem roten Saft der Pflanze soll vor dem Biß tollwütiger Hunde schützen. Damit Kinder nicht ins Bett urinieren, legt man ihnen gelbblühende Zweige des Krautes unter das Bettlaken. Wegen seines Bezuges zum Blut (Blutkraut, Elbenblut) wird die Pflanze seit alten Zeiten gegen Verletzungen, Blutfluß und Blutarmut angewendet. Schon Paracelsus empfahl das Hartheu als Mittel gegen eingebildete Stimmen und Wahnsinn, also gegen die Besetzung durch Dämonen.

Man benutzt die Pflanzen zur Heilung von Nervenkrankheiten, Schwindel, Melancholie, Depression und innerer Unruhe. Es hilft bei Verwundungen und Erkältungen, da es Bakterien und Viren abtötet. Hartheu wirkt entzündungshemmend und schmerzlindernd, löst Krämpfe und den Schleim, treibt den Harn und fördert die Menstruation der Frau. Aus der Pflanze läßt sich ein heilkräftiges Öl gewinnen, welches man bei Hexenschuß, Verrenkungen, Muskelschmerzen, Wunden, Verbrennungen, Blutergüssen und Gürtelrose einsetzen kann. Einen Tee bereitet man aus dem Kraut folgendermaßen: Man überbrüht 2 Teelöffel des zerkleinerten Krautes mit 1 Viertel Liter kochendem Wasser und läßt den Tee einige Minuten lang ziehen, bevor man abseiht. Diesen Tee trinkt man dreimal täglich mehrere Wochen lang. In dieser Zeit soll man das Sonnenlicht möglichst meiden, da der Genuß des Krautes lichtempfindlicher macht. Ein Dampfbad mit Hartheu heilt und pflegt die Haut.

Lein (Linum usitatissimum)

Der Lein, auch Flachs oder Haar genannt, wird seit alters her zu Stoffen (Leinwand) verwebt, oder man gewinnt aus den Samen das bekannte und beliebte Leinöl. Der Name Haar rührt daher, daß man die Pflanze mit den Haaren einer Göttin verglich. Reiner weißer Leinenstoff galt als besonders gut geeignet für die Herstellung von kultischer Kleidung. Aber auch alltägliche Gewandung wurde aus ihm gefertigt. Bei vielen Zauberhandlungen wird Nacktheit verlangt, oder man trägt höchstens ein reines weißes Leinenhemd, denn dieser Stoff behindert den Fluß der magischen Kräfte nicht. Der Lein galt schon immer als eine Pflanze, die mit Erotik in Verbindung stand. Es heißt, daß der Flachs besonders gut wachse, wenn man ihm „unflätige" Worte zurufe. Ich habe hier einmal ein paar alte Flachssegen zusammengetragen, die dies verdeutlichen mögen. Dazu läuft man dreimal nackt um den Acker und sagt dabei einen der folgenden Sprüche auf:

1. *>Flachs, Flachs, Druse,*
wachs bis an die Fuse,
bis an meine Zitzen,
dann bleib sitzen!<

2. *>Flachs, wachs bis an den Sack,*
Knote bis an die Schote!<

3. *>Ich säe jetzt unter meinen Lein*
in das gedüngte Land hinein
und wünsch, daß er nicht eher blüh,
bis daß er mir reicht an die Knie,
krieg auch nicht eine einzige Knott,
bis er mir geht bis an die Fott.
Also nun wachs,
mein lieber Flachs,
so wirst du gut und lang,
verdienst um mich gar großen Dank.<

Dabei war es üblich, die Genitalien zu entblößen. Und je höher die Frau den Rock hob, desto höher wuchs auch der Flachs. Aber man konnte natürlich auch „feiner" mit der Pflanze sprechen:

>Ich grüß dich Flachs,
daß du recht wachs,
so lang wie Weide,
so fein wie Seide,
so hell und klar
wie unserer lieben Frau ihr Haar.<

Nach dem Volksglauben gedeiht der Lein am besten, wenn er von einer nackten Frau mit wehenden Haaren, idealerweise einer jungen

Braut, gesät wird. Daneben ist aber auch überliefert, den Flachs bekleidet mit einer weißen oder blauen Leinenschürze auszusäen. Dabei wurden früher Opferspeisen, z. B. Speck, Brot oder Eier, in die Ackerfurche gelegt, damit der Flachs gut gedeihe. Die blaue Leinenschürze gehört ja auch zur Tracht der Hexen. Zu Fasnacht wälzten sich die Frauen nackt auf dem Flachsfeld, um dieses fruchtbar zu machen. Wenn im Altweibersommer viel „Frauengarn" (Name für die Spinnweben der im September herumfliegenden Jungspinnen) durch die Luft fliegt, so wird es eine reiche Flachsernte geben. Bei der Hochzeit sollen Braut und Bräutigam Leinsaat als Fruchtbarkeitssymbol in den Schuhen tragen. In den Brautkranz gebundener Lein gibt eine glückliche Ehe. Nach deutscher Volksüberlieferung ist es Frau Holle, welche in den Zwölften ein Netz webt und damit die Seelen der Menschen fängt, die im neuen Jahr sterben sollen. Denn die Zwölften sind die Zeit, wo das neue Jahr gemacht wird. Den Frauen jedoch war es verboten, in den Zwölften zu spinnen, da die heilige Zeit nicht durch Arbeit entweiht werden durfte.

Träume von Flachs künden Glück und Hochzeit an; solche von weißer Leinwand jedoch den Tod. Junge Mädchen streuen zu Fasnacht oder in den Zwölften (zur Weihnachtszeit) Leinsaat ins Bett und sprechen:

>*Hier säe ich meinen Lein,*
hier säe ich meine Saat;
ist jemand, der mich lieb hat,
der stell sich nachts im Traum bei mir ein.<

Oder:

>*Ich säe Leinsamen*
in Holdas Namen;

in Holdas Garten
will ich mein Feinslieb erwarten.<

Sie hoffen auf diese Weise ihren Zukünftigen im Traum erblicken zu können. Oder man legt zwei Flachskugeln, welche zwei Liebende symbolisieren, auf den Tisch und zündet sie unter Gebeten an; wenn beide brennend nach oben fliegen, so bleibt das Liebespaar zusammen.

Bei den irischen Kelten war der Flachs der Muttergöttin Brigid geweiht. Sie pflückten ihn unter Hersagen des folgenden zauberkräftigen Segens:

>*Den nützlichen Flachs will ich pflücken,*
den die lieblichen Hände der Brigid berührten,
für Gesundheit, die bleibt,
für Freundschaft, die hält,
für Fröhlichkeit, die Flügel verleiht,
zum Überwinden böser Gedanken,
zum Überwinden des bösen Blicks,
zum Überwinden der Zauberei,
für den Sieg über böse Taten,
für den Sieg über böses Tun,
für den Sieg über Verwünschungen,
zum Ertragen übler Botschaften,
zum Ertragen übler Worte,
für ein segenvolles Leben,
für ein segenvolles Leben.<

Hier wird der Flachs als ein Hilfsmittel gegen alles Üble angesehen. Er ist eine Pflanze, die Zauber bricht und den bösen Blick abwendet. Es heißt, daß böse Geister nicht über ein Flachsfeld fliegen können. Vielleicht hängt das mit der blauen Blütenfarbe zusammen, denn man sagt, daß der Teufel die blaue Farbe fliehe, da sie den Himmel symbolisiert. Zum Schutz vor Dämonen trägt man Leinsamen in der Tasche oder in den Schuhen bei sich. Am besten gegen alles Böse hilft der Lein, in dessen Feld man zu Mittsommer vor Sonnenuntergang frische Buchenzweige steckt. Die Zwerge und Waldfräulein lieben hingegen den Lein und fertigen sich gern Kleidung aus ihm an. Zauberer hüllen sich in weiße Leinwand, wenn sie ein magisches Werk verrichten; hier ist das Weiß das Symbol der Reinheit und Verbundenheit mit den Göttern und Geistern.

Magische Heilmittel soll man in rohe Leinwand wickeln, ehe man sie verwendet. Warzen oder Geschwüre bestreicht man mit Leinwand und legt diese dann in einen Sarg. Wie die Leinwand verrottet, so soll auch die Krankheit vergehen. Gegen Gelbsucht uriniert man solange in ein Leinentuch, bis dieses gelb wird. Bei Wunden soll man ein Stück Leinen anbrennen und dann auflegen. Gegen den Schwindel läuft der Kranke nach Sonnenuntergang dreimal nackt um ein Flachsfeld.

Leinsamen sind ein recht vielseitiges Heilmittel. Sie fördern die Menstruation und helfen den Frauen als Auflage bei Brusterkrankungen. Dazu verrührt man einen Teelöffel Samen mit heißem Wasser zu einem dicken Brei und trägt ihn fingerdick auf ein Stück Leinwand auf; dieses legt sich die Frau auf die Brust. Diese Auflage hilft auch bei Geschwülsten, bei Magen- und Darmkrämpfen. Ein Absud von Leinsamen hilft bei Husten, Heiserkeit, Blasenentzündung und Leiden der Harnwege. Man kann ihn auch mit Hilfe eines Leinenläppchens auf Brandwunden legen, um die Schmerzen zu lindern. Leinsamen wirken harntreibend und fördern den Stuhlgang. Sie regen den Gallenfluß und die Ausscheidung von Blasensteinen an. Gegen Schnupfen zieht man den Rauch von glühenden

Samen durch die Nase. Das Leinöl wird bei Entzündungen der Harnröhre und des Mastdarms empfohlen. Zusammen mit Anisöl hilft es gegen hartnäckige Verstopfung.

Quendel (Thymus serpyllum)

Andere Namen: Badekraut, Bienenkraut, Feldkümmel, Frauenpoley, Haidhopfen, Hexenkraut, Hühnerkohl, Jungfernzucht, Karwendel, Kranzelkraut, Kundel, Marienbettstroh, Seelchen der Mutter, Unser Frauen Bettstroh, Wilder Thymian.

Die strauchartige Pflanze besitzt kriechende und wurzelnde dünne Stengel und kleine, gegenständige Blätter, die derb und ganzrandig sind. Die kleinen rosafarbenen Blüten sind kugelförmig angeordnet und öffnen sich zwischen Mai und September.

Der rosa- oder seltener weißblühende Quendel gehört zu den klassischen Frauenkräutern. Man legte ihn den Frauen zum Zwecke der leichteren Geburt mit ins Lager und schützte sie dadurch auch vor Verhexung. Dazu trank die Gebärende die zu Mittsommer gesammelte Pflanze. Ebenfalls ist sie stillenden Müttern dienlich. Nach einer Sage aus Tirol ist die Pflanze deswegen so heilig, weil die Gottesmutter sich auf einem Quendelrasen ausgeruht haben soll. Das Kraut gehört ins Neunkräuterbüschel der Frauendreißiger. Die in dieser Zeit gesammelte Pflanze soll das Vieh vor Krankheit beschützen und bei den Kühen den Milchfluß anregen. Wie alle Frauenkräuter fördert der Quendel die Menstruation, vor allem der in Wein gekochte. In einer Sage aus der Pfalz schlief einmal ein an Gebärmutterschmerzen leidendes Mädchen an einer Quendelstaude ein; da kam eine Kröte aus dem Mund gekrochen, lief zur Pflanze hin und kroch dann wieder in den Mund zurück. Als das Mädchen erwachte, war es gesund. Die Kröte ist hier das Symbol der Gebärmutter, deren Gestalt man oft mit diesem Tier vergleicht. Wenn früher eine Hebamme unterwegs einer Kröte begegnete, so war dies ein gutes Zeichen für die anstehende Entbindung. Die Braut trägt geweihten Quendel am Busen oder in den Schuhen. Die Gottesmutter soll bei ihrer Hochzeit ein Kränzchen davon auf dem Kopf getragen haben. Der verwandte Thymian (Thymus vulgaris) wurde im alten Griechenland der Aphrodite geopfert. Die Pflanze soll auch Glück bei Geschäften gewähren. Man spricht zu ihr, während man sie dreimal um den Kopf führt:

>*Quandel, mach mir Handel!*<

Die zu Mittsommer geweihten Kränze aus Quendel schützen vor Wanzen, Dämonen und Blitzschlag, machen geistersichtig und heilen Kranke, wenn man ihnen einen solchen Kranz unter den Kopf legt. Beräuchert man mit diesem Quendel zu Weihnachten die Obstbäume, so sollen sie besser tragen. Der Holzfrau, dem weiblichen Erntegeist, läßt man bei der Ernte einige Halme stehen und schmückt diese mit Quendel.

Wer von der Pflanze ißt, soll vor dem Biß giftiger Tiere geschützt sein. Mit dem Rauch vertrieb man früher die Schlangen. Die Bienen hingegen lieben das Kraut und lassen sich durch dieses in den Stock zurücklocken. Darum hing man früher Kränzchen davon in die Bienenstöcke. Man tat den Quendel als Hopfenersatz ins Bier („Haidhopfen") oder würzte den Käse damit.

Der wohlriechende Quendel stärkt als Kräuterkissen oder Badezusatz die Nerven und macht den Menschen kräftig und mutig. Der Tee hilft bei Erkrankungen der Bronchien, bei Keuchhusten (besonders, wenn er mit Honig getrunken wird), Lungenverschlei-

126

mung und Darmstörungen, treibt den Harn, wirkt fäulnis- und gärungswidrig, lindert Krämpfe und Kopfweh, stärkt Herz und Magen. Die ätherischen Öle der Pflanze fördern die Blutzirkulation.

Gegen Asthma soll man morgens nüchtern in Weißwein gekochten Quendel trinken. In dieser Form hilft er auch bei Leberentzündungen, innerlichen Brüchen und Schlangenbiß. Die auf Spiritus angesetzte Pflanze gibt ein gutes Einreibungsmittel bei Rheuma, Gliederzittern, Verstauchungen, Quetschungen, Geschwülsten, Lähmungen und erfrorenen Gliedern. Gegen geronnenes Blut, blaue Male und rötliche Warzen legt man mit Essig angemachten Quendelsaft als Pflaster auf.

Schafgarbe (Achillea millefolium)

Andere Namen: Barbarakraut, Bauchwehkraut, Blutstillkraut, Eisenwurz, Garbe, Gotteshand, Hasengarbe, Hasenkraut, Heil aller Welt, Heil aller Schaden, Jungfernaugenbraue, Jungfernkraut, Katzenschwanz, Margaretenkraut, Röllike, Rückenkraut, Schafrippe, Sichelkraut, Tausendblatt, Venus-Augenbraue, Weißer Dost, Weißer Rainfarn, Wundkraut.

Der Stengel kann grün oder rotbraun gefärbt sein, glatt oder behaart. Die wechselständigen Blätter sind doppelt gefiedert und mitunter leicht behaart. Die Blütendolde ist meistens weiß, selten zartrosa. Die Pflanze blüht von Juni bis in den Herbst hinein.

Die Schafgarbe zählt zu den klassischen Frauenkräutern, die ins Neunkräuterbüschel der Frauendreißiger gehören. Am häufigsten findet man das Kraut in der weißblühenden Form, doch kommen zuweilen auch rosablühende Exemplare vor; diese dienen zur Förderung der Menstruation. Ob weiß oder rosa, auf jeden Fall verwendet man die Pflanze in der Frauenheilkunde, vor allem gegen Menstruationskrämpfe und zur Stillung der übermäßigen Blutung:

>*Schafgarbe im Leib*
tut wohl jedem Weib.<

Auch im Liebesorakel findet die Pflanze Verwendung. Das Mädchen bohrt sich mit einem Schafgarbenstengel in der Nase und spricht dabei:

>*Schafgarbe, Schafgarbe, trägst eine weiße Blüte,*
wenn meine wahre Liebe mich liebt,
wird meine bluten.<

Wenn dann die Nase zu bluten anfängt, so ist dies ein Zeichen, daß das Mädchen vom Angebeteten geliebt wird.

In der Mittsommernacht (die kürzeste Nacht des Jahres) legt ein Mädchen einen Kranz von Schafgarben unter das Kopfkissen und kann so ihren Zukünftigen im Traume sehen. Oder das Mädchen pflückt an einem Freitagmorgen, wenn der Tau getrocknet ist, blühende Schafgarbe. Dann näht sie die Pflanze in roten Stoff ein, legt sie unter das Kopfkissen und spricht:

>*Du Kraut des Venusbaumes,*
dein wahrer Name ist Schafgarbe.
Wer meine wahre Liebe sein soll,
bitte ich dich, mir morgen zu sagen.<

Ein Sträußchen Schafgarbe über das Ehebett gehängt, soll die Liebe des Paares zwei Jahre lang erhalten; danach muß der alte

Strauß abgenommen und einer aus frischer Schafgarbe hingehängt werden.

Rosa- und weißblühende Schafgarbe nebeneinander.

Ein alter keltischer Segen, den man beim Pflücken der Schafgarbe spricht, ist dieser:

> *>Schafgarbe will ich pflücken,*
> *damit meine Augen freundlicher blicken,*
> *damit meine Lippen wärmer sind,*
> *damit meine Worte reiner sind.*
> *Wie die Strahlen der Sonne sei meine Rede.*
> *meine Lippen wie der Saft der Erdbeere.*
> *Möge ich eine Insel im Meer sein,*
> *möge ich ein Hügel am Ufer sein,*
> *möge ich ein Stern*

unter dem abnehmenden Mond sein,
möge ich den Schwachen ein Stab sein.
Ich kann einen jeden verwunden,
mich kann niemand verwunden.<

Hier wird die Pflanze gebeten, Freundlichkeit, Beredsamkeit, Kraft und Unbesiegbarkeit zu verleihen.

Die Schafgarbe soll um die Mittagszeit gesammelt werden, damit sie besonders heil- und zauberkräftig bleibt. Das Sonnenlicht verstärkt die magischen Wirkungen der Pflanze. Man hängt sie sich gegen böse Geister, Seuchen und Blitzschlag im Hause auf.

Hat jemand Fieber, so gibt man ihm am ersten Tag neun Sprossen der Schafgarbe in einem Löffel Suppe zu essen; am zweiten Tag acht Sprossen, am dritten Tag sieben Sprossen, am vierten Tag sechs Sprossen und so fort. Am neunten Tag müßte dann das Fieber gesunken sein. Leidet man an Wechselfieber, so soll man sich mit Schafgarbe gefüllte Säckchen auf die Herzgrube und die Füße legen.

Seit alters her wird das Kraut zum Blutstillen gebraucht. Schon der griechische Held Achilleus benutzte die Schafgarbe, um die Wunde des Königs der Mysier, Telephos, zu schließen. Der heilkundige Centaur Chiron unterrichtete den Achilleus in dieser Kunst. Aber auch unsere germanischen Vorfahren behandelten mit den blutstillenden Blättern der Schafgarbe ihre Wunden, z. B. Kriegsverletzungen (daher der Name „Eisenwurz").

Bekannt ist die Wirkung des Schafgarbentees (drei Tassen täglich) bei Magenbeschwerden, ferner hilft er gegen Leber-, Nieren- und Blasenleiden, gegen Rheuma, Gicht, Hämorrhoiden, Rückenschmerzen (besonders, wenn sie hormonell bedingt sind), Lungenschwindsucht, Blutspeien, Auszehrung, Nervenschwäche, wetterbedingter Migräne, Müdigkeit, Menstruationsstörungen, Bleichsucht, Weißfluß (also gegen die klassischen Frauenleiden), Verschleimung, Durchfall, Bauchweh (vermindert die Gasbildung im Darm), Röteln und Scharlach. Der Tee besitzt also ein sehr breites Spektrum an Heilwirkungen.

Die Pflanze reinigt das Blut, kräftigt die Organe und ist daher auch Bestandteil des aus neun Kräutern bestehenden Gründonnerstags-Salates. Sie verbessert den Kreislauf und regt den Stoffwechsel an. Bei regelmäßiger Anwendung soll sie sogar Altersbeschwerden lindern, obgleich von einer Daueranwendung des Tees von manchen Ärzten abgeraten wird. Allerdings kann man den Tee äußerlich unbegrenzt als Schönheitsmittel benutzen, indem man sich damit das Gesicht wäscht; so wird die Haut von Pickeln gereinigt und verbessert. Aus der Pflanze bereitet man Umschläge (frische Blätter oder Absud) bei Wunden, Geschwüren, Frostbeulen und Fisteln. Als Badezusatz wirkt das Kraut kräftigend und lindert rheumatische Beschwerden. Frischer Schafgarbensaft soll bei inneren Blutungen getrunken werden. Er besitzt antiseptische Wirkungen, beugt daher einer Blutvergiftung vor. Er findet auch bei Angina pectoris (Herzbräune) Verwendung. Das Kraut ist ein hervorragendes Tierfutter, das gegen Blähungen und Krämpfe hilft.

Auf jeden Fall sollte die getrocknete Schafgarbe immer dunkel gelagert werden, da sich ihre wertvollen Inhaltsstoffe (Öle und Bitterstoffe) bei Licht zersetzen. Hingegen hat die im Sonnenlicht erblühte Pflanze die größte Heilkraft. Diese wunderbare Pflanze ist wirklich eines der wertvollsten und auch billigsten Heilmittel, da sie überall auf den Wiesen in großer Zahl zu finden ist. Einfacher ist keine Medizin zu bekommen.

Weiße Taubnessel (Lamium album)

Andere Namen: Bienenwurz, Blutkraut, Eidernessel, Honigblume, Honigsaug, Hummelkraut, Katzenkraut, Milchblume, Saugtittken, Tote Nessel, Weibernessel, Weiße Hummel, Weiße Rosenblüh, Weißer Bienensaug, Weißer Erzengel, Weißer Kuckuck, Weißes Taubenkröpfchen, Taubnessel Weiblein, Wurmnessel, Zauberkraut, Zuckerblume.

Die Pflanze wir bis zu 30 cm hoch, hat einen vierkantigen Stengel, weichbehaarte, runzlige und herzförmige Blätter, die am Rand stumpf gezähnt sind und denen der Brennessel ähneln, jedoch nicht brennen. Die Lippenblüten sind weiß und stehen quirlartig um den Stengel. Die Weiße Taubnessel blüht zwischen April und Oktober.

Die Taubnessel gibt es in verschiedenen Blütenfarben: Weiß, Rot und Gelb. Heilkräftig ist jedoch nur die weißblühende Art, das „Taubnessel-Weiblein", wie es in alten Kräuterbüchern heißt. Um siegreich zu sein, soll man an einem bestimmten Tage die Pflanze ausgraben, sie in ein fließendes Wasser tun, dann mit Wein waschen und bei sich tragen. Damit ein Dieb das gestohlene Gut wiederbringe, nimmt man einen neuen Topf mit Deckel, schöpft dreimal unterwärts fließendes Wasser, so daß der Topf zu etwa einem Drittel gefüllt ist. Dann kocht man ein Stück Brot und Taubnessel darin und spricht dazu:

>*Dieb oder Diebin,*
bring mir meine gestohlene Sach herbei,
du seiest Knab oder Mägdlein.
Dieb, du seiest Weib oder Mann,
ich zwinge dich im Namen...<

Gegen das kalte Fieber soll man auf die Pflanze urinieren und dabei sprechen:

>*Hier mach ich mein Wasser auf diesen Samen*
in aller Fieber Namen.
Das Fieber will mich meiden,
bis daß ich komm und will die Sonne abschneiden.<

Danach soll man den Ort meiden.

Den Frauen ist der Tee aus den Blüten der Weißen Taubnessel sehr zu empfehlen, denn er hilft gegen den lästigen Weißfluß und die zu starke und schmerzhafte Monatsblutung. Dazu bereitet man einen Tee, wobei man drei Eßlöffel der Blüten (ohne die Kelche) mit einem Viertelliter kochendem Wasser übergießt. Der Aufguß wirkt günstig auf die Beckenorgane. Dieser Tee reinigt auch das Blut, stärkt den Organismus, kühlt das Fieber, beruhigt die Nerven, hilft aufgrund der schleimlösenden Wirkung bei Brust- und Lungenleiden (Katarrhe), Ruhr und Schlaflosigkeit.

Kocht man die Blätter zehn Minuten lang, erhält man einen Tee gegen Durchfall, Blasenentzündung, Erkrankungen der Lymphdrüsen, Bleichsucht, Milzerkrankungen und Harnleiden. Bei Ohrenerkrankungen läßt man den heißen Dampf in die Ohren ziehen. Die abgekochten Blätter und Blüten der Pflanze verwendet man als Umschläge bei Geschwüren, Ausschlägen, Gicht und Krampfadern.

Früher legte man zerstoßene Taubnessel gegen den Fingerwurm (Wurmnessel) auf, ebenso bei Verhärtungen an den Füßen. Auch heilte man mit ihr die blutenden Euter der Kühe (Eidernessel bedeutet Euternessel).

Wermut (Artemisia absinthium)

Andere Namen: Absinth, Alsem, Bartholomäustagblume, Bitterals, Else, Gottvergiß, Grabekraut, Magenkraut, Mottenstock, Wörmken, Würmerkraut.

Der bis zu 1 Meter hohe Wermut ist ein aufrechter Korbblütler mit stark aromatischem Geruch und gefiederten Blättern, die silbergrau behaart sind. Er besitzt winzige gelbe und runde Blütenköpfe.

Junger Wermut.

Der Wermut ist ein wichtiger Bestandteil des heilkräftigen Kräuterbüschels, welches in den Frauendreißigern zwischen August und September gesammelt und gebunden wird. In Westfalen sagt man:

>Wenn Maria ist nach dem Himmel gefahr'n,
dann mußt du den Wermut vom Garten halen.<

Der Spruch bezieht sich auf die Weihe der Kräuter zu Maria Himmelfahrt am 15. August.

Der Name „Artemisia" deutet wie beim Beifuß schon darauf hin, daß der Wermut der Mondgöttin Artemis geweiht ist, die unserer Göttin Holda entspricht. Die silbrig erscheinenden Blätter der Krautes zeigen ebenfalls den Bezug zum Monde. Der Wermut ist ein altes Toten- und Grabkraut, welches in Verbindung mit Holdas Totenreich steht. Man legt dem Toten Wermut mit ins Grab oder auf den Sarg. Auch die Leichenfrau trug früher einen Strauß Wermut bei sich.

Der Wermut ist eine kraftvolle Heil- und Zauberpflanze, welche schädliche Geister vertreibt, Mäuse und allerlei Ungeziefer fernhält. Man hängt es in den Kleiderschrank, damit die Motten fernbleiben. Wer die Pflanze bei sich trägt, der kann nicht beschrieen (verzaubert) werden; manche tragen sie dazu unter der Achselhöhle. Auch vor allerlei ansteckenden Krankheiten soll der Wermut schützen. Durch das Räuchern von Wermut schützt man das Kind in der Wiege davor, von den Zwergen vertauscht zu werden. Oder man legt dem Kinde Wermut in die Wiege, um es vor Verzauberung zu bewahren und leichter einschlafen zu lassen. Aber auch Erwachsene legten sich das Kraut unter das Kopfkissen, um besser einschlafen zu können. Ans Bein gebunden soll der Wermut, ähnlich wie der verwandte Beifuß, jedoch vor Müdigkeit beim Wandern schützen. Der am Bartholomäustage (24. August) gepflückte Wermut hilft gegen Magenschmerzen. Im Norden Deutschlands schlägt man mit Wermut auf den erkrankten Körperteil und spricht dazu:

>Dat Fressen dat hil'ge Ding,
de Rose un de Blatterrose, schake di!
Un schakest du die nich so sehr,
so jaget di de Wörmkenstruk noch veel mehr!<

Als Frauenkraut hilft der Wermut beim Gebären, indem er das Kind aus dem Leibe treibt. In alter Zeit wurde die Pflanze auch als Abtreibungsmittel verwendet.

Ein alter Spruch sagt:

>Wermut ist für alles gut:<

Wermut darf nicht geschnitten, sondern muß mit der linken Hand gepflückt werden.

Der sehr bitter schmeckende Wermut darf nur in kleinen Mengen eingenommen werden, da er sonst der Gesundheit, vor allem den Nieren, schadet. Für einen Teeaufguß nimmt man 1 Teelöffel des Krautes auf einen Viertelliter Wasser. Man soll nur alle 2 Stunden eine Eßlöffel voll von dem Tee einnehmen. Man kann aus der Wurzel auch einen Kaltauszug machen, indem man sie über Nacht in kaltem Wasser ansetzt. Der Tee wirkt sich günstig auf den Säurehaushalt des Magens aus, stärkt Magen und Verdauung. Er hilft bei Nieren- und Blasenleiden, Gelbsucht und Gallensteinen. Kreislauf und Blutbildung werden durch den Tee angeregt. Wermuttee vertreibt Würmer, hilft bei Fieber und Stoffwechselstörungen. Bei Frauen fördert er die Menstruation. Wermut wirkt schmerzstillend, treibt Gifte aus, regt den Appetit an und erwärmt den Leib.

Der Tee eignet sich nicht für Menschen mit inneren Blutungen oder Magengeschwüren. Auch sollte die Gesamtmenge von zwei

136

Tassen Wermuttee pro Tag nicht überschritten werden. Und man darf ihn nur schluckweise einnehmen, also niemals eine ganze Tasse auf einmal trinken. Schwangere sollten diesen Tee ganz meiden, da er abtreibend wirkt. Ist jedoch der Zeitpunkt der Geburt gekommen, so hilft der Tee, daß das Kind leicht aus der Mutter herausgeht.

Wie wir sehen, hält Mutter Erde für uns ein reiches Angebot an heilkräftigen Kräutern bereit. In jeder Region finden sich die Pflanzen, welche die dort lebenden Menschen und Tiere für ihre Gesundheit benötigen. Doch was die Wildtiere noch instinktiv wissen, müssen wir heutigen Menschen erst wieder erlernen; nämlich das für uns richtige Heilkraut zu finden. Die Wildtiere sind noch Teil der Natur, der Mutter Erde und geistig tief mit ihrem Bewußtsein verwoben. Der moderne Mensch jedoch entfernte sich immer mehr davon und unterdrückte seine natürlichen Instinkte. Die Hexen gehörten zu denen, die das alte Kräuterwissen noch lange bewahrten, bevor der Ausrottungswahn gegen sie begann. Wenn wir tief in uns hineinhorchen und uns wieder mehr der Natur zuwenden, dann können wir wieder Zugang zu unseren Instinkten finden, welche uns zu den heilenden Kräutern führen.

Kapitel 5

Die Hexe als Schadzauberin

Wie ich schon zuvor erwähnte, gibt es solche Hexen, die helfen und heilen können; und es gibt solche, die Schadzauber durchführen. Und manche Hexen können auch beides. Den schädigenden Spruchzauber nannte man in alter Zeit „Meingalster", dazu gehört das Verfluchen. Man spricht auch von „Beschreien" oder „Vermeinen". So wie es Zaubersprüche zur Verfluchung einer Person gibt, so gibt es auch Sprüche, um den Meingalster wieder aufzuheben, wie ich es im vorherigen Kapitel beschrieben habe. Aber man gebrauchte in früheren Zeiten auch zahlreiche Schutzmittel gegen das Beschrieenwerden, wie beispielsweise verschiedene Amulette, Kräuter, Stahl, Staub aus den vier Stubenecken usw.

Das Behexen kann aber nicht nur durch böse Worte geschehen, sondern auch durch Loben und Schmeicheln, und auch dadurch, daß die Hexe bestimmte Gegenstände von einer Person entwendet oder bei ihr gewisse Dinge unter der Türschwelle vergräbt. Oder die Zauberin benutzt Wachs- oder Stoffpuppen, welche die zu verfluchende Person darstellen sollen, und sticht unter der Verwendung bestimmte magischer Formeln Nägel oder Dornen in die Puppe. Dadurch soll erreicht werden, daß die betreffende Person krank wird oder sogar stirbt. Oder die Hexe benutzt die Fußspur der Person, um dieser zu schaden. Aus dem 19. Jahrhundert stammt ein Bericht von der Insel Amrum, nach diesem ein Mann schwer erkrankte und keine Medizin ihm helfen konnte. Eines Tages beobachtete eine Bauer, wie eine Frau etwas im Sande vergrub. Als er nachschaute und grub, fand er eine kleine Wachspuppe, in deren Herz eine Stecknadel hineingestochen war. Der Bauer zog die Nadel heraus und verbrannte die Wachspuppe, worauf der kranke Mann wieder gesund wurde. Die Frau hatte ihn also mithilfe einer Wachspuppe verhext, doch der Bauer brach ihren Zauber.

Schadenszauber spielten eine sehr große Rolle in den Hexenprozessen. In manchen Gegenden mußte man einer Person Schadenszauber an Mensch oder Vieh nachweisen können, um sie als Hexe zu verurteilen. In anderen Gegenden genügte der Nachweis jeglicher Art von Zauber oder Wahrsagerei, um jemanden als Hexe hinrichten zu lassen. Auch der helfende, heilende Zauber gehörte dazu. Das unterschied das Christentum vom Heidentume, denn im alten Heidentume waren Zauber nichts Verbotenes, solange sie keinen Schaden anrichteten. Die zaubernden und weissagenden Frauen waren bei den alten Heiden hochangesehen. Nur Schadzauberei war verboten und wurde bestraft. Doch in den Augen der christlichen Kirchen war jede Art von Zauberei schlecht und teuflisch. Anfangs leugnete die Kirche die Existenz jeglicher Zauberei und hielt sie für ein Hirngespinst, was sich jedoch bald änderte und es zu den grausamen Hexenverfolgungen kam.

Auch die keltischen Druiden wußten, wie man einen Schadzauber gegen eine andere Person anwendete. So besprachen sie ein Stroh- oder Grasbüschel mit üblen magischen Worten und warfen es anschließend der zu verhexenden Person ins Gesicht. Die Person wurde dann entweder wahnsinnig oder fiel tot zu Boden. Ein solches verfluchtes Büschel nannte man einen „Flatterwisch" (dlui fulla).

In der altnordischen Sage von Grettir finden wir eine Schadzauberin, welche Runen, die alten germanischen Schrift- und Zauberzeichen, ritzt und bespricht, um dem Grettir Schaden zuzufügen:

>*Als sie an den Strand kam, hinkte sie das Meer entlang, wie wenn es ihr gewiesen wäre, bis dahin, wo ein Baum mitsamt der Wurzel vor ihr lag, ungefähr so groß, daß ihn ein Mann auf seiner Schulter forttragen konnte. Sie blickte prüfend den Klotz an und ließ ihn auf die andere Seite wenden. Da sah er wie angekohlt und gerieben aus. Sie ließ auf der abgescheuerten Seite eine kleine Fläche glatt schnitzen. Danach zog sie ihr Messer aus der Tasche, ritzte Runen auf die Baumwurzel, bestrich die eingeschnittenen Runen mit ihrem Blute und murmelte einige Zauberworte. Dann hinkte sie rückwärts um den Klotz und zwar in der entgegengesetzten Richtung zum Sonnenlaufe und sprach viele zauberkräftige Worte über den Klotz. Darauf ließ sie die Wurzel in das Meer hinaus schleudern und gebot ihr, nach Drangey zu treiben und Grettir zum größten Schaden zu werden.*<

Das Umschreiten gegen den Sonnenlauf wurde oft bei der Ausübung eines Schadzaubers angewandt. Die Kelten nannten dieses schädigende Umwandeln „tuathbel". Oft muß es eine bestimmte Anzahl von Umschreitungen sein, damit der Zauber wirken kann.

Die Hexe konnte auch ihren Geistkörper aussenden und als Nachtmar erscheinen. In solcher Gestalt schickte sie ihrem Opfer Alpträume, peinigte oder tötete es. Oder die Schadzauberin schickte einen Mar aus, um eine bestimmte Person zu quälen oder zu töten. Im Englischen gibt es noch heute den Begriff „Nightmare" (Nachtmar) für einen Alptraum. Auch die Bezeichnung „Alp" kennzeichnet ein Geistwesen, welches den Schlafenden drückt oder quält. In der altnordischen *Heimskringla* wird ein Mann namens Vanlandi durch die Zauberin Huld getötet:

>*Drifa schloß einen Vertrag ab mit der Seidfrau Huld, dahingehend, daß jene*

Vanlandi nach Finnland zaubern oder andernfalls ihn töten solle. Als aber der Seidr vor sich ging, war Vanlandi gerade in Upsala. Da ergriff ihn Sehnsucht, nach Finnland zu ziehen, aber seine Freunde und Ratgeber hielten ihn davon ab, indem sie sagten, die Zauberei der Finnen wäre der Grund seines Verlangens. Da wurde er sehr schläfrig und legte sich nieder. Als er aber nur ein wenig geschlafen hatte, schrie er auf und sagte, daß ihn die Mar träte ... Sie drückte so auf sein Haupt, daß er sterben mußte.<

Eine andere Art des Schadzaubers war das Herbeirufen eines Unwetters, um beispielsweise die Ernte zu verderben oder ein Schiff sinken zu lassen. Alte Bezeichnungen für eine solche Hexe sind daher „Zessenmacherin" (Zessa = Sturm), „Hagelsiederin" oder „Schauerbrüterin". In der *Laxdoela saga* aus dem 13. Jahrhundert wird ein Sturmzauber geschildert, der ein Schiff untergehen läßt:

>Kotkel hieß ein Mann, der vor kurzem nach Island ausgewandert war. Grima hieß seine Frau. Ihre Söhne waren Hallbjörn Schleifsteinauge und Stigandi. Diese Leuten stammten von den Hebriden. Alle waren sie in geheimen Künsten bewandert und die größten Zauberer ... Darauf ließ Kotkel ein großes Zaubergerüst aufrichten. Sie stiegen alle zusammen hinauf. Da ließen sie erklingen grimmig gefügte Weisen: Das waren Zaubersprüche. Sofort brach ein starkes Unwetter los. Das verspürte Thord, der Sohn des Ingunn und seine Gefährten, die auf der See fuhren, wie gegen sie das Wetter aufgeboten war ... Da erhob sich nahe dem Lande eine Brandung über einer blinden Klippe, von der kein Mensch sich erinnerte, sie je früher bemerkt zu haben; die Brecher trafen das Schiff mit solcher Gewalt, daß gleich der Kiel nach oben schlug. Da ertrank Thord.<

Eine weitere Wetterzauberin finden wir in der *Gisla saga Surssonar*:

>In der Nacht konnte die Alte nicht einschlafen; da ging sie hinaus und war schwer erbost. Draußen war es kalt und windstill und klar. Sie ging mehrmals

rückwärts um das Haus herum. Da begann das Wetter sich zu ändern; es kam ein wildes Schneegestöber und darauf Tauwind. Da brach am Berghang der Schnee; eine Lawine stürzte auf Bergs Hof, und zwölf Leute kamen dort um.<

Wetterzauber der Hexen mithilfe eines Kessels. Alter Holzschnitt.

Hier haben wir wieder das Umschreiten gegen den Sonnenlauf, um Schaden zu wirken. Eine andere Zauberin bewirkt auf diese Weise, daß ein Steinschlag ein Gehöft vernichtet; so lesen wir in der *Vatnsdoela saga:*

>Diesen Abend, als die Sonne untergegangen war, sah ein Schafhirt Groa, wie sie aus dem Gehöfte trat und entgegen dem Sonnenlauf um ihr Gehöft schritt und sprach: „Schwer ist es, dem Glück der Ingimundssöhne zu widerstehen". Sie blickte hinauf nach dem Gebirge und schwang einen Beutel oder ein Tuch, in das sie viel Gold, ihr Eigentum, geknotet hatte, und sagte: „Komme, was kommen muß". Darauf ging sie hinein und schloß die Tür hinter sich. Da ging ein Steinschlag aufs Gehöft nieder, und alle Menschen fanden den Tod.

Die Hexen benutzten in der Regel einen großen Kessel, um darin ein Unwetter wie Hagel oder Sturm zu brauen. Oftmals handelte es sich bei diesem Kessel um einen Dreifuß. Auch die heidnischen Seherinnen der antiken Völker benutzten einen eisernen Dreifuß, allerdings für ihre Prophezeiungen. Von den Hexen der späteren Zeit wurde behauptet, daß sie das Wetter „gar kochen" würden. Sie siedeten beispielsweise Eichenlaub, um ein Unwetter zu erzeugen. Manchmal reichte es schon, mit Gerten in ein Gewässer oder ein Mulde zu peitschen, um ein Unwetter entstehen zu lassen. Man glaubte auch, daß sie allerlei Getier, wie Raupen, Heuschrecken, Schlangen, Kröten und andere Kreaturen in ihrem Kessel sieden würden, um das Wetter zu beeinflussen. Um einen Seesturm zu verursachen, gossen die Hexen den Inhalt ihres Zauberkessels ins Meer. Eine Vorstellung, was so eine Hexe alles in ihrem Kessel kochte, findet sich in *Macbeth*. Hier sind es die drei zauberkundigen „Weirdsisters", die „Schicksalsschwestern", welche in einer Höhle leben und dort ihre Zaubertränke zubereiten. Bei diesen Schwestern handelt es sich ursprünglich um die drei Nornen, Parzen oder Moiren, welche von den heidnischen Völkern als Herrinnen des

Schicksals und göttliche Mächte verehrt wurden. Sie gebieten über Vergangenheit, Gegenwart und Zukunft der Menschen oder auch einer bestimmten Person. In späterer Zeit vermischte sich die Vorstellung von Nornen und Hexen im Volksglauben.

Die drei Hexen aus Macbeth. Darstellung von Raphael Holinshed, 1577.

So singen die drei Weirdsisters in *Macbeth*:

>*>Um den Kessel dreht euch rund!*
>*Werft das Gift in seinen Schlund!*
>*Kröte, die im kalten Stein*
>*Tag und Nächte, dreimal neun,*
>*zähen Schleim im Schlaf gegoren,*
>*soll zuerst im Kessel schmoren!*
>*Sumpf'ger Schlange Schweif und Kopf*
>*Brat und koch im Zaubertopf;*
>*Molchesaug' und Unkenzehe,*
>*Hundesmaul und Hirn der Krähe,*
>*zäher Saft des Bilsenkrauts,*

Eidechsbein und Flaum vom Kauz;
Mächt'ger Zauber würzt die Brühe;
Höllenbrei im Kessel glühe!<

Hier tauchen wieder einmal die berüchtigten Hexentiere wie Kröte, Schlange, Molch, Eidechse und Kauz auf, die Tiere der Unterwelt. Die Eidechse teilt sich ja mit der Hexe den gleichen Namen, „Hagetisse", während die Kröte in manchen Gegenden Deutschlands als „Hex" oder „Hexin" bezeichnet wird. Begegnet einem in der Walpurgisnacht ein Kröte, so soll dies angeblich eine verzauberte Hexe sein. Und „Hexenmolch" ist eine Bezeichnung für den Salamander, der schon allein durch seine schwarze Farbe als Hexentier erscheint.

Die Hexe kann sich in ein Tier verwandeln, um so angeblich Kühen die Milch zu stehlen, beispielsweise in einen Schmetterling, der ja noch im Englischen als „butterfly" (Butterfliege) bezeichnet wird und früher als Milchdieb galt. Vor allem der Zitronenfalter (früher „Schmervogel" genannt) stand aufgrund seiner gelben Farbe in Verdacht, eine verwandelte Hexe zu sein und den Kühen die Milch zu stehlen. Er wurde daher mancherorts „Hexe" genannt.

Aber auch der Feldhase stand in Verdacht, eine verwandelte Hexe zu sein und so vor allem in der Walpurgisnacht den Kühen die Milch zu stehlen. Der Hase gilt ja als eines der Lieblingstiere der Hexe, dessen Gestalt sie oft annimmt, um Nebel zu erzeugen, wie es im Volksglauben heißt.

Um gegen ihre Feinde zu kämpfen, konnte eine Hexe wilde Tiere zähmen und gegen ihre Gegner senden. So berichtet die Sage von Dietrich von Bern aus dem 13. Jahrhundert von der Zauberin Ostacia:

Alte englische Darstellung eines „Hexenhasen".

>*Danach sammelte sich nun für König Hertnid ein großer Heer. Seine Frau Ostacia ging hinaus und rührte ihren Gandr. Das nennen wir: Sie ging hinaus zu zaubern, wie es in heidnischer Zeit geschah, daß zauberkundige Frauen, die wir Völven nennen, Zauberei trieben. Ostacia verstand so viel von Zauberei und Trollkunst, daß sie viele Tiere um sich zauberte: Löwen, Bären und große Flugdrachen. Sie zähmte sie alle, bis sie ihr gehorchten und sie ihnen den Weg gegen ihre Feinde zeigen konnte.*<

Tierverwandlungen der Hexen werden in den alten Sagas und Märchen oft erwähnt. Bei den Tierverwandlungen handelt es sich in der Regel um Sinnestäuschungen, um sogenanntes Blendwerk, nicht um tatsächliche Verwandlungen. So machen es auch noch heute die sibirischen Schamanen: Die Leute glauben ein bestimmtes Tier zu erblicken, werden jedoch lediglich in ihren Sinneswahrnehmungen getäuscht; hierin liegt der eigentliche Zauber des Schamanen. Manchmal tragen die Hexen/Schamanen dabei lediglich die Köpfe von Tieren bzw. Tiermasken. Die anderen Leute glauben jedoch, der Schamane würde sich tatsächlich in ein Tier verwandeln.

Fliegende Hexen mit Tierköpfen. Alter Holzschnitt.

Saxo Grammaticus beschreibt ein solches Blendwerk in seinem Fünften Buch der *Gesta Danorum*:

>*Die Frau blendete ihre Feinde durch einen Zauber und verwandelte sich in die Gestalt einer Stute. Als aber Frotho herankam, nahm sie die Gestalt einer Seekuh an und schien auf dem Strande umherlaufend ihr Futter zu suchen; auch ihre Söhne verwandelte sie in kleine Kälber. Der König staunte ob dieser sonderbaren Erscheinung und hieß sie umgehen und ihnen den Rückweg zu den Wogen abschneiden. Darauf verließ er den Wagen, dessen er sich wegen der Schwäche seines bejahrten Körpers bediente und setzte sich voller Verwunderung auf den Erdboden. Da fiel aber die Mutter, welche die Gestalt des großen Tieres angenommen hatte, den König mit vorgestrecktem Horne an und durchbohrte ihm eine Seite. An dieser Wunde starb er und fand somit ein seiner Hoheit unwürdiges Ende. Seinen Tod eilten seine Mannen nicht ungerächt zu lassen, zielten mit ihren Speeren auf die sonderbaren Erscheinungen und durchbohrten sie. Nachdem sie totgestochen waren, sahen sie, daß es Menschenleiber mit Tierköpfen waren. Das verriet hauptsächlich die Zauberei.<*

Die Tierverwandlung der Hexe ist ein häufig erwähntes Thema in den Hexenprozessen. In der Regel wurde für eine solche Verwandlung Hexensalbe verwendet, mit der sich die Hexe einschmierte. So schreibt Apuleius in *Der goldene Esel* über die Zauberin Pamphile:

>*Sobald es Nacht war, holt sie mich ab und führt mich leisen, unhörbaren Tritts hinauf an die Erkerstube. Da zeigt sie mir eine verborgene Ritze in der Tür und läßt mich hindurchgucken; wo ich denn folgendes sah:*

Allererst zieht sich Pamphile fasernackt aus. Nachher schließt sie eine Lade auf, woraus sie verschiedene Büchschen nimmt. Eines von diesen Büchschen öffnet sie und holt daraus eine Salbe, die sie so lange zwischen beiden Händen reibt, bis sie völlig zergangen ist, alsdann beschmiert sie sich damit von der Ferse bis zum Scheitel.

Nun hält sie ein langes, heimliches Gespräch mit ihrer Lampe.

Darauf schüttelt und rüttelt sie alle ihre Glieder. Diese sind nicht sobald in wallender Bewegung, als daraus schon weicher Flaum hervortreibt. In einem Augenblick sind auch starke Schwungfedern gewachsen, hornicht und krumm ist die Nase; die Füße sind in Krallen zusammengezogen.

Da steht Pamphile als Uhu!

Sie erhebt ein gräßliches Geheul und hüpft zum Versuche am Boden hin. Endlich hebt sie sich auf ihren Flügeln in die Höhe und in vollem Fluge hinaus zum Erker!

Also ward Pamphile vorsätzlicherweise durch ihre magische Wissenschaft verwandelt. Sonder Zauber aber und vor bloßem Wunder über das Gesehene wußt ich nicht, was aus mir geworden war. Die Haare standen mir auf dem Kopfe zu Berge, ohne alle Besinnung phantasierte ich.<

Um ihrem Gegner zu schaden, konnte eine Hexe auch Kleidungsstücke herstellen, welche, wenn eine Person sie trug, dieser Siechtum oder den Tod brachten. Schon in den altnordischen Sagas ist davon die Rede. So lesen wir in der *Orkneyinga jarla saga* aus dem 13. Jahrhundert:

>*Die Schwestern Frakök und Helga, die Mutter des Jarls, waren da und saßen in der kleinen Stube bei ihren Nähereien. Da kam Jarl Harald in die Stube; die Schwestern aber saßen auf der Querbank, und ein frischgenähtes Leinenhemd lag zwischen ihnen, weiß wie Schnee ... Der Jarl war eben aufgestanden und war in Hemd und Unterhosen und hatte sich einen Mantel über die Schultern geworfen. Er warf den Mantel ab und faltete das Leinenhemd auseinander. Seine Mutter griff danach und bat ihn, nicht neidisch zu sein, daß sein Bruder schöne Kleider hätte. Der Jarl riß es ihr weg und schickte sich an,*

es sich überzuziehen. Da rissen sie sich den Kopfputz ab und rauften sich das Haar und riefen, sein Leben hänge daran, wenn er das Hemd anzöge. Sie weinten beide sehr. Der Jarl fuhr nichtsdestoweniger hinein und ließ es an sich herunterfallen. Aber sowie das Kleid an seinem Leib hinunterglitt, lief ihm ein Schauer über die Haut, und gleich darauf folgte ein großer Schmerz. Und davon legte sich der Jarl zu Bett und lag nur kurze Zeit, ehe er starb.<

Man achtete früher sehr darauf, daß fremde oder als Hexen verdächtige Personen kein Kleidungsstück von einem selbst entwenden konnten, damit sie damit keinen Schadzauber betrieben. Auch hütete man sich davor, Kleidungstücke oder auch andere Gegenstände von Fremden anzunehmen, da man fürchtete, es könne sich um verfluchte Gegenstände handeln.

Eine häufig angewendete Methode der Schadzauberinnen war das Nestelknüpfen. Dabei wurden durch Meingalster verfluchte Knoten in einen Gegenstand hineingeknüpft, um einer Person zu schaden, sie impotent oder krank zu machen oder zu töten. Es gab aber auch heilende Knotenzauber; so knüpfte man beispielsweise unter Hersagen eines Spruches eine bestimmte Anzahl von Knoten in einen schwarzen Faden und band diesen um ein krankes Gelenk, um es zu heilen. Beim Schadzauber hingegen richtete sich die böse Kraft gegen denjenigen, der den Knoten löste. Nach altem schlesischen Glauben konnte eine Hexe die Eingeweide einer Person verknüpfen, indem sie einen Strohhalm oder ein Tuch verknotete.

Nicht immer ist jedoch das Aufknüpfen eines Hexenknotens schädlich für den Betreffenden. Boshafte Hexen legten ihrem Nachbarn ein verknotetes Strohseil in den Dünger; und wenn dieser aufs Feld gebracht wurde, dann gab es sieben Jahre lang keinen Ertrag. Darum mußte ein solcher Knoten stets aufgeknüpft werden, um den Zauber zu lösen.

Ein Schadzauber ist natürlich eine äußerst fragwürdige Handlungsweise und zieht immer gewisse Konsequenzen mit sich. Denn alles, was man aussendet, erhält man auf die eine oder andere Weise zurück. Es ist ethisch absolut verwerflich, gegen Unschuldige einen Schadzauber auszuüben; und eine solche Vorgehensweise wird sich früher oder später rächen. Die kluge Hexe wird auf solche Praktiken schon allein aus Gründen des Selbstschutzes verzichten.

Die Hexenkraft zusammen mit magischem Wissen verleiht eine große Macht, mit der sehr besonnen und vorsichtig umgegangen werden sollte. Es gilt, stets Gutes zu tun und Schaden zu vermeiden. Die weise Hexe setzt ihr Können zum Wohle ihrer Sippe, ihres Stammes, ihrer Gemeinschaft ein und erlangt so hohes Ansehen und Heil.